Vorwort 5

EINFÜHRUNG 6

Über das Konzept des technikbasierten Kunstunterrichts 6
Zum Aufbau dieses Heftes 7
Methoden zur Reflexion von Schüler*innen-Werken 8
Methoden zur Wertschätzung 10
Methoden zur Präsentation 10
Methoden zur Bewertung 11

1 GRUNDWISSEN UND BASISTECHNIKEN 13

Fachwissenschaftlicher Hintergrund 13
Didaktische Anregungen 15
Kompetenzcheck 17
KV 1a | Linienbilder 18
KV 1b | Recherche zum Künstlerduo „Differantly“ 19
KV 1c | Bilder aus einer Linie zum Nachfahren 20
KV 1d | Basistechniken für das Zeichnen 21
KV 1e | Buchstaben füllen 23

2 AUS GRUNDFORMEN ENTSTEHEN BILDER 24

Fachwissenschaftlicher Hintergrund 24
Didaktische Anregungen 25
Kompetenzcheck 27
KV 2a | Vom Kreis zur Kugel 28
KV 2b | Von der Kugel zum Apfel und zum Tennisball 30
KV 2c | Von der Ellipse zum Zylinder 31
KV 2d | Ellipsen anordnen 32
KV 2e | Gefäße zeichnen 33
KV 2f | Vom Viereck zum Quader 34
KV 2g | Vom Quader zur Schachtel 35
KV 2h | Mit Grundformen ein großes Gebäude zeichnen 36

3 ABBILDEN UND VARIIEREN 37

Fachwissenschaftlicher Hintergrund 37
Didaktische Anregungen 38
Kompetenzcheck 40

KV 3a | Umrisslinien 41
KV 3b | Differenzierte Spielfiguren als Zeichenvorlage 42
KV 3c | Riesenwelle 43
KV 3d | Kraftvoll schattieren 44
KV 3e | Durchsichtigkeit erzeugen 45
KV 3f | Oberflächenstrukturen 46
KV 3g | Drachenauge 47
KV 3h | Überschneidungen 48
KV 3i | Pyramiden legen 49
KV 3j | Gefäße anordnen und zeichnen 50

4 **PERSPEKTIVISCH ZEICHNEN** 51
Fachwissenschaftlicher Hintergrund 51
Didaktische Anregungen 52
Kompetenzcheck 53
KV 4a | Die Erfindung der Perspektive 54
KV 4b | Ein-Punkt-Perspektive 55
KV 4c | Einzeichnen der Perspektive 56
KV 4d | Ein-Punkt-Perspektive zeichnen lernen 57
KV 4e | Zeichenvorlage Straße 59
KV 4f | Straßen zeichnen – Schritt für Schritt 60
KV 4g | Zwei-Punkt-Perspektive 61
KV 4h | Fluchtpunkte verbinden 62
KV 4i | Quaderturm 63
KV 4j | Quaderturm – Schritt für Schritt 64
KV 4k | Moderne Gebäude – Schritt für Schritt 65

5 **REGELN DER BILDKOMPOSITION** 66
Fachwissenschaftlicher Hintergrund 66
Didaktische Anregungen 67
Kompetenzcheck 68
KV 5a | Regeln der Bildkomposition 69
KV 5b | Bildanalyse 70
KV 5c | Ein Stillleben komponieren 71

Beispiellösungen
Zu **KV 1a** | Linienbilder 72
Zu **KV 3g** | Drachenauge 72

Karin Rulka

Null Bock auf Kunst!?

Mit den richtigen Zeichenstrategien Erfolgserlebnisse schaffen

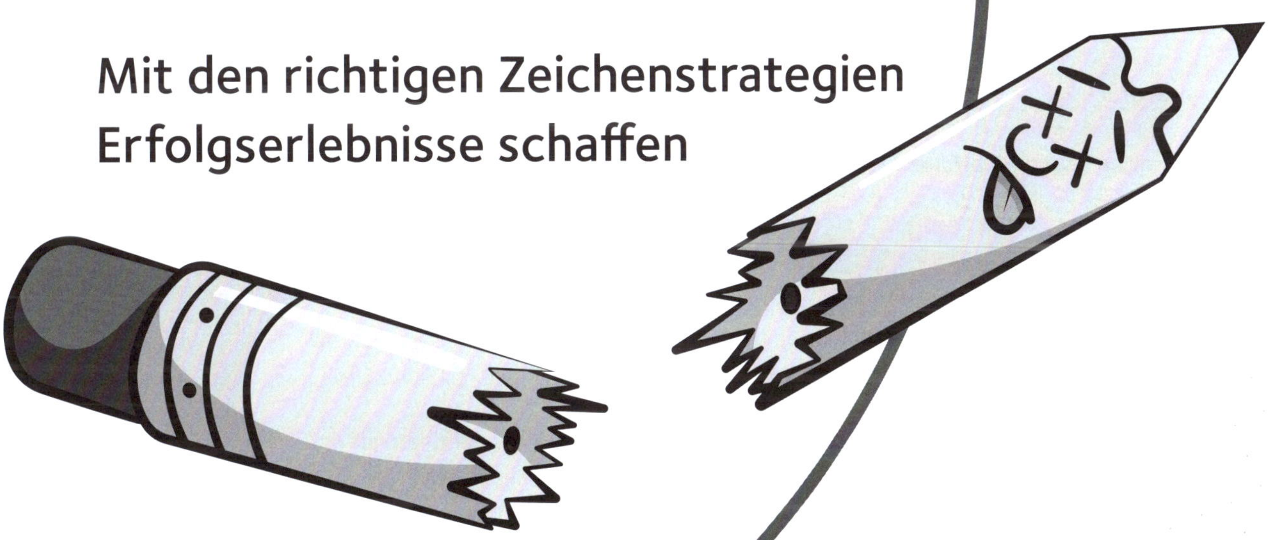

Cornelsen

Die Autorin
Karin Susanne Rulka ist Lehrerin für das Lehramt an bayerischen Mittelschulen und studierte an der Ludwig-Maximilians-Universität München die Fächer Geographie (Hauptfach), Deutsch, Englisch und Kunst (Didaktikfächer).

Projektleitung: Kristina Rüger, Berlin
Redaktion: Marion Clausen, Berlin
Umschlaggestaltung: Corinna Babylon, Berlin, unter Verwendung von: Bleistift (Shutterstock.com/Basjan Bernhard), Hintergrund (Shutterstock.com/Jamesbin), Explosion (Shutterstock.com/gst), Papierknäuel (Shutterstock.com/Jamesbin)
Grafik: Graduiertenhut S. 17, 27, 40, 53 und 68 (Shutterstock.com/studiostoks), Gebäudezeichnungen S. 24 und 36 (Shutterstock.com/Cernecka Natalja), alle anderen Illustrationen: Karin Susanne Rulka, München
Fotos: Karin Susanne Rulka, München
Layout/technische Umsetzung: krauß-verlagsservice, Ederheim/Hürnheim unter Verwendung von Bleistift (Shutterstock.com/Basjan Bernhard), Hintergrund (Shutterstock.com/Jamesbin), Explosion (Shutterstock.com/gst), Graduiertenhut (Shutterstock.com/studiostoks)

www.cornelsen.de

1. Auflage, 3. Druck 2025

HINWEIS WEBCODE
Wird in dem Buch auf einen Webcode verwiesen, können Sie Zusatzmaterialien aus dem Internet herunterladen.
Sie finden dazu eine Buchstabenkombination an der jeweiligen Stelle im Buch.
Geben Sie diese unter **www.cornelsen.de/codes** ein, um zu den Materialien zu gelangen.

Druck: Athesiadruck GmbH

ISBN 978-3-589-16711-1

PEFC
PEFC/18-31-166
PEFC-zertifiziert
Dieses Produkt stammt aus nachhaltig bewirtschafteten Wäldern und kontrollierten Que
www.pefc.de

Vorwort

Kennen Sie das aus Ihrer Praxis als Kunstlehrer*in: Schüler*innen sind unzufrieden mit ihren Bildern, haben keine Lust auf Kunst, geben auf oder wollen lieber zuhause ein Bild weitermalen? Hören Sie im Unterricht Aussagen wie „Ich bin nicht so der kreative Typ!“, „Ich kann das nicht!“ oder „Kunst ist eh nicht so wichtig!“? Auch in Ihrem erwachsenen Umfeld kennen Sie vermutlich Menschen mit einer ähnlichen Haltung.

Das ist schade, denn nicht alles, was wir sehen und empfinden, können wir in Worten ausdrücken, sondern wir nutzen dafür andere „Sprachen“ wie die Musik, den Tanz oder die bildende Kunst. Kunst ist also eine wertvolle Form des Selbstausdrucks und der Kommunikation zwischen uns und unserer Umwelt. Aber warum verlieren so viele Menschen in ihrer Jugend den Zugang zur Kunst? Und was können Sie dagegen tun?

Als Kunstlehrer*in beobachten Sie jeden Tag, wie einige Schüler*innen nach der Grundschulzeit den Zugang zur Kunst verlieren oder Kunst als Ausdrucksform für sich selbst gar nicht erst entdecken. Man bezeichnet dies als „Pubertätsknick“, der sich zu Beginn der Sekundarstufe bemerkbar macht.

Die fachwissenschaftliche Erklärung dafür ist, dass Kinder noch spielerisch, ungezwungen und selbsterforschend der Kunst begegnen, während viele Jugendliche auf einmal wegen ihres mangelnden realistischen Bildausdrucks unzufrieden sind. Sie mögen ihre Bilder nicht, weil sie nicht über ausreichende zeichnerische Strategien verfügen, um das zu zeichnen, was sie zeichnen wollen. Bleiben die künstlerischen Fertigkeiten auf dem Stand der Kinderzeichnung, führt dies schließlich zur „Null-Bock-auf-Kunst-Haltung“.

Was können Sie dagegen tun? So wie wir Strategien nutzen, um eine Sprache, Mathematik oder das wissenschaftliche Denken zu erlernen, können wir uns mit ihrer Hilfe auch künstlerische Fähigkeiten aneignen. Zudem lässt das Schulfach Kunst Vielfalt, verschiedene Arbeitsstile und Lösungswege zu. Jeder „kann Kunst“, jeder kann seinen eigenen Weg zur Kunst finden.

Mit diesem Heft zeige ich Ihnen einen Weg auf, wie Sie Ihre Schüler*innen in diesem Lernprozess zum Erfolg führen können. Im Mittelpunkt stehen **Zeichenstrategien**. Sie bekommen eine fundierte didaktische Unterstützung, damit Ihre Schüler*innen die Kunst des Zeichnens Schritt für Schritt erlernen. Dazu biete ich Ihnen fachwissenschaftliches Hintergrundwissen, praktische Tipps zur Umsetzung im Unterricht sowie **Kopiervorlagen (KV)** für den sofortigen Einsatz im Unterricht inklusive Differenzierungsmaterial an. Über **Webcodes** können Sie außerdem auf unkomplizierte Weise drei Videos zur Veranschaulichung der Inhalte aufrufen.

Ich wünsche Ihnen als Lehrkraft und vor allem auch Ihren Schüler*innen viel Freude und Erfolg!

Karin Rulka

PS: Besonders hilfreich ist dieses Heft, wenn Sie fachfremd unterrichten.

Über das Konzept des technikbasierten Kunstunterrichts

Im Laufe meiner Berufsjahre habe ich erlebt, dass meine Schüler*innen immer dann Spaß am Kunstunterricht hatten und Erfolgserlebnisse erzielten, wenn ich meinen Unterricht extrem kleinschrittig aufgebaut habe. Damit meine ich, dass am Anfang einfache Grundlagen eingeübt werden, wie das Experimentieren mit der Stifthaltung oder mit verschiedenen Bleistifthärten, um zunächst ein Gefühl für den Stift zu gewinnen. Ebenfalls gehört dazu, den Schüler*innen vor jeder Zeichenaufgabe passende Techniken an die Hand zu geben, mit denen sie neue Aufgaben überhaupt erst lösen können.
Diese Konzeption lehnt sich an das didaktische Vorgehen des „Scaffoldings“ aus der Englischdidaktik an, bei dem man sich zu Beginn auf ein eng geführtes Hilfsgerüst stützt und dieses mit fortschreitenden Kompetenzen allmählich abbaut. Das „Gerüst“ im Bereich der Kunst ist das Training von Techniken, die die Schüler*innen später frei kombinieren und anwenden können, um kreativ zu arbeiten. Daraus leitet sich die Bezeichnung für das **Konzept des technikbasierten Kunstunterrichts** ab.

Die ersten Aufgaben mögen Ihnen und Ihren Schüler*innen sehr einfach erscheinen und der Kunstunterricht wird durch diese didaktische Konzeption manchmal enger geführt als bisher gewohnt, aber tatsächlich sind so auch die meisten außerschulischen Zeichenkurse aufgebaut. Denn wer die wichtigsten Zeichentechniken Schritt für Schritt beherrscht, kann bald eigenständig, kreativ und erfolgreich mit Bleistift und Papier arbeiten. Lassen Sie darum diese Herangehensweise auch in Ihren Unterricht einziehen!

Zur Illustration ein Beispiel aus der Unterrichtspraxis: Eine typische Aufgabe im Kunstunterricht ist das Zeichnen von Stillleben, z. B. von Obst in einer Schale. Dies müssen Schüler*innen bereits alles können, um die Aufgabe zu erfüllen:

- Wer das Stillleben einer Obstschale zeichnen will, muss sich erst einmal ein inneres Bild verschaffen können, wenn er nicht gerade abzeichnet. Welche Obstsorten sind vorhanden, wie sind sie angeordnet und wie sieht die Schale aus?
- Ist das innere Bild fertig komponiert, muss es als Skizze auf das Papier gebracht werden. Aber schon kommen weitere Probleme auf, da nicht klar ist, wie man Objekte im Vorder- und Hintergrund anreiht, wie Umrisslinien einer Banane oder der 3D-Effekt von einem Apfel gezeichnet werden.
- Wie entstehen Volumen, der richtige Schatten, glänzende Oberflächen und korrekte Oberflächenstrukturen?
- Ist die Obstschale soweit zu Papier gebracht, erkennt man den Qualitätsunterschied der Zeichnung oft an den verwendeten Basistechniken: Wurde das Bild nur ausschraffiert oder hat jemand verschiedene Zeichenmöglichkeiten angewendet?

Für die Zeichnung einer Obstschale sind also folgende Techniken nötig:

- ein inneres Bild erzeugen
- Regeln der Bildkomposition anwenden

- Überschneidungen (Vorder- und Hintergrund) deutlich machen
- Dreidimensionalität darstellen
- Umrisslinien zeichnen
- Volumen und Rundungen wiedergeben
- Oberflächenstrukturen darstellen
- Licht- und Schatteneffekte einbauen
- ausgereifte Basistechniken zur Ausgestaltung ausführen

Sie merken schon: Schüler*innen „einfach ein Stillleben" zeichnen zu lassen, kann an diversen Stellen scheitern. Um alle Kinder und Jugendlichen abzuholen, fangen wir ganz von vorne an!

Zum Aufbau dieses Heftes

Die einzelnen Kapitel bauen inhaltlich aufeinander auf, können aber auch einzeln bearbeitet werden, da sie in sich abgeschlossen sind. So können Sie flexibel entscheiden, ob Sie vorne anfangen und chronologisch vorgehen, nur einzelne Kapitel oder eine Kombination bearbeiten. Folgende Themen werden in den Kapiteln 1 bis 5 behandelt:

Kapitel 1: Grundwissen und Basistechniken

Grundlagen und Ausgestaltungsmöglichkeiten jeder Zeichnung: Wissen über die Charakteristika von Zeichnungen, Kenntnisse über Zeichenmaterialien und die Verwendung von Basistechniken

Kapitel 2: Aus Grundformen entstehen Bilder

Zeichnerisch sehen lernen, die reale Welt in zeichenbare Formen zerlegen und auf dem Blatt wieder aufbauen, Grundformen zeichnen

Kapitel 3: Abbilden und variieren

Umsetzung von Umrisslinien, Licht- und Schatteneffekten, Oberflächenstrukturen und Überschneidungen: erweiterte Techniken für Zeichenaufgaben wie das Zeichnen von Volumen, Tiefe, Form, Durchsichtigkeit und spezifischen Oberflächen

Kapitel 4: Perspektivisch zeichnen

Die dritte Dimension auf ein zweidimensionales Blatt übertragen

Kapitel 5: Regeln der Bildkomposition

Bildern Ausdruckskraft, Geschichte und Spannung verleihen

Zu Beginn jedes Kapitels können Sie als Lehrer*in Ihre fachwissenschaftlichen Kenntnisse auffrischen und sich in die fachdidaktische Konzeption einlesen. Dafür erhalten Sie

- Angaben zum fachwissenschaftlichen Hintergrund,
- didaktische Anregungen mit Beispielen aus der Unterrichtspraxis,
- Zielerklärungen für die einzelnen Übungen,
- einen Kompetenzcheck,
- hilfreiche Hinweise in der sogenannten „TIPP-Box“ sowie
- Anregungen für den Aufbau eines Fachwortschatzes.

Anschließend folgen die zum Kapitel gehörenden Kopiervorlagen **(KV)** zur Umsetzung des technikbasierten Unterrichts für Ihre Schüler*innen. Die Arbeitsblätter sind methodisch-didaktisch vielfältig einsetzbar: zur Einzel-, Partner- und Gruppenarbeit, für das Lernen an Stationen oder für den Frontalunterricht. So können Sie Ihren Unterricht abwechslungsreich, lerntypdifferenziert und motivierend gestalten. Am Ende des Heftes werden für einige Aufgaben **Beispiellösungen** gezeigt.

Zusätzlich können Sie und Ihre Schüler*innen auf cornelsen.de/webcodes Videos über **Webcodes** aufrufen und gemeinsam oder allein mehrfach ansehen. Sie finden an den betreffenden Stellen im Heft einen Hinweis und Angaben zu den jeweiligen Inhalten.

Zeichenvideo
cornelsen.de/webcodes
Code: xyxyxyxy

Methoden zur Reflexion von Schüler*innen-Werken

Selbsteinschätzung

Die richtige Selbsteinschätzung der eigenen Stärken und Schwächen hilft Schüler*innen dabei, sich in ihrem Lernprozess richtig einzuordnen und zu erkennen, worauf sie sich schon berufen können und was sie noch erlernen müssen. In jedem Kapitel werden Sie im Kompetenzrahmenmodell über den erwarteten Output der Schüler*innen informiert. Nutzen Sie diese Kriterien für ein Selbstreflexionsgespräch, in dem Sie sich über Fortschritte und Herausforderungen im Plenum unterhalten. Dadurch können Schüler*innen lernen, sich einzuschätzen und zu vergleichen, und zugleich erhalten Sie als Lehrkraft einen Überblick über den Lernstand der Klasse.

Fremdeinschätzung

Sich konstruktives Feedback, Tipps und Lob durch andere einzuholen, ist ein ebenso wichtiger Helfer im Lernprozess. Wir wollen wissen, was andere über unsere Kunstwerke denken, und erfahren, wo wir noch nacharbeiten müssen.

⇨ *Kommentare:* Schüler*innen schreiben sich gegenseitig Kommentare zu ihren Bildern. Achtung: Ihre Kinder und Jugendlichen sollten die Feedbackregeln kennen, immer etwas Positives schreiben und Kritik als Tipp formulieren.

- *Kriterienkataloge ausfüllen:* Schüler*innen füllen gegenseitig Kriterienkataloge zu ihren Bildern, beispielsweise durch Ankreuzen, aus.

Bild: Stillleben Obstschale	Das machst du schon gut!	Daran könntest du noch arbeiten!
Ausgestaltung mit vielen Basistechniken	X	
Realistische Obstdarstellung durch Oberflächenstrukturen		X
...		

- *Impulskarten:* Legen Sie alle Bilder in einem Bodenbild zusammen und zeigen Ihren Schüler*innen Impulskarten mit Satzanfängen auf, die die Schüler*innen beenden.

Mir gefällt dieses Bild besonders gut, weil ...	Du hast besonders gut auf das Kriterium ________ geachtet, weil ...	Mein Tipp für dieses Bild wäre ...

Peer-Beratung und Buddy-Systeme

Schüler*innen möchten sich auch während des Zeichnens versichern, dass ihr Bild gelingen wird, oder jemanden um Hilfe bitten, wenn sie nicht weiterkommen. Dazu bieten sich Helfer-Systeme aus jeweils zwei Personen an. Auf diesen Buddy können die Kinder und Jugendlichen während der Arbeitsphasen zurückgreifen. Nutzen Sie diese Systeme außerdem zur Differenzierung. Lernen durch Lehren ist ein bewährtes didaktisches Konzept.

Sesseltanz

Beim „Sesseltanz" legen alle Schüler*innen ihr Bild auf dem Arbeitsplatz aus. Ohne zu sprechen, stehen alle auf und suchen sich einen neuen Platz. Dort lassen sie sich zur Bildbetrachtung nieder. Nach einer Weile suchen sich alle einen neuen freien Platz, bis der Sesseltanz auf Ihr Zeichen hin endet und in ein Reflexionsgespräch übergeht. Der Sesseltanz dient während des Zeichenprozesses der gegenseitigen Inspiration, man erhält Tipps und Hilfen bei Schwierigkeiten und kann anschließend besser weiterarbeiten.

Kompetenzcheck nutzen

In diesem Heft finden Sie am Ende der Einführungsseiten zu jedem Kapitel einen „Kompetenzcheck". Darin ist aufgelistet, welche Fähigkeiten Ihre Schüler*innen nach der Bearbeitung des jeweiligen Kapitels können sollten. Nutzen Sie diese Kriterien für ein Reflexionsgespräch, in dem Ihre Schüler*innen für sich beantworten, inwiefern sie selbst die Kompetenz erreicht haben, welche Gründe sie für das (Nicht-)Erreichen der Kompetenzen sehen, und sich fragen, was ihnen im Lernprozess geholfen oder gefehlt hat.

Methoden zur Wertschätzung

Bodenbild

In einem Bodenbild werden alle Bilder der Schüler*innen um den Bildtitel herum ausgelegt. Dadurch entsteht ein geballter Gesamteindruck aller Zeichnungen. Positiv ist, dass kein Bild exponiert heraussticht und die Bilder den Zeichnenden nicht zuzuordnen sind. Dadurch kann sich jeder trauen, sein Bild offen zu zeigen. Das Bodenbild ist deswegen so wirkungsvoll, weil die Schüler*innen ansonsten gar nicht mitbekommen, was die anderen machen. Auf diese Weise schaffen Sie in Ihrem Unterricht Zeit und Gelegenheit, dass jeder alle Bilder betrachtet, und zwar intensiver als beim Aufhängen im Klassenraum.

Sesseltanz

Auch beim „Sesseltanz“ wird jedes Bild wertgeschätzt. Alle legen ihre Zeichenergebnisse auf ihren leer geräumten Arbeitstisch. Auf Ihr Zeichen hin wechseln die Schüler*innen den Platz und verweilen dort eine kurze Zeit, um das dort liegende Bild zu betrachten. Dieser Schritt wird mehrfach wiederholt. Der Sesseltanz ermöglicht eine intensivere Auseinandersetzung mit den Ergebnissen anderer Schüler*innen als beim Bodenbild.

Methoden zur Präsentation

Im Klassenzimmer aufhängen

Eine bewährte Methode ist das Ausstellen oder Aufhängen der Bilder im Klassenzimmer. Auch außerhalb des Kunstunterrichts kommen die Schüler*innen dadurch in Kontakt mit Kunst bzw. mit ihren Bildern und denen der anderen.

Im Schulhaus aufhängen

Die besten Ergebnisse können Sie im Schulhaus präsentieren. Nutzen Sie dies als Motivationsansporn für die Schüler*innen und zelebrieren Sie das Aufhängen im Schulgebäude, z. B. indem Sie sich mit Ihrer Klasse vor den Bildern versammeln und darüber sprechen. Achten Sie dabei auf gewaltfreie Kommunikation, indem die Schüler*innen Ich-Botschaften senden („Ich finde, dass …“) und beschreiben anstatt bewerten („Mir fällt auf, dass …“, „Auf mich wirkt das Bild …“).

Im Jahresbericht und auf der Schulhomepage präsentieren

Wenn Ihre Schule regelmäßig einen Jahresbericht veröffentlicht, können Sie auswählen, welche Bilder Sie als Rückschau aufnehmen möchten. Vielleicht möchte jemand auch noch einen Kommentar über seine Zeichenerfahrungen oder zu einem Lieblingsbild verfassen. Besonders gelungene Werke können auf der Schulhomepage veröffentlicht werden. Aber Achtung: Berücksichtigen Sie die Urheber- und Persönlichkeitsrechte.

Zur Kunstausstellung einladen

Falls in Ihrer AG oder im Schuljahr besonders viele tolle Kunstwerke aller Arten entstanden sind, laden Sie doch die Eltern oder Parallelklassen zu einer kleinen Vernissage ein. Oder lassen Sie Ihre Schüler*innen das Klassenzimmer zum Elternabend künstlerisch aufpeppen.

Bilderrahmen und Signaturen

Im Museum würde kaum ein Bild ohne Rahmen hängen und jeder weiß, was es für einen Unterschied macht, ob Bilder mit Klebefilm an der Wand kleben oder in einem ordentlichen Bilderrahmen zu sehen sind. Fragen Sie, wer zuhause alte Bilderrahmen hat, oder schauen Sie, was der Second-Hand-Handel oder Verschenke-Seiten zu bieten haben. Wer einen eigenen Bilderrahmen hat, kann diesen selbst pflegen und Bilder nach Belieben wechseln. Das hilft vor allem den schwächeren Schüler*innen, da sie selbst entscheiden können, welches Bild hängt.

Auch die Signatur ist ein Vehikel, um Wertschätzung gegenüber dem eigenen Bild zu zeigen; man kann sich dabei an professionellen Künstler*innen orientieren. Achten Sie darauf, dass Ihre Schüler*innen vorne auf dem Bild immer eine kleine Unterschrift anlegen.

Methoden zur Bewertung

Kunst zu bewerten, bleibt eine Herausforderung, da die Rezeption von Kunst immer eine persönliche Note enthält. Was der eine genial findet, ist für den anderen nicht mal Kunst. Deswegen hilft es, sachliche Kriterien einzubeziehen. Die folgenden vier Vorschläge sollen Ihnen neue Ideen zur Bewertung von Schülerwerken geben. „Die“ Lösung gibt es nicht.

Kriterienkatalog

Im Fach Deutsch arbeiten Schüler*innen im Schreibprozess mit Checklisten oder Kriterienkatalogen und bestimmt geben Sie auch in anderen Fächern einen Erwartungshorizont vor großen Leistungserhebungen heraus. Warum also in Kunst nicht ebenso verfahren? Informieren Sie Ihre Schüler*innen rechtzeitig darüber, dass Sie eine Zeichnung benoten werden, und teilen dazu gleich den Kriterienkatalog aus. Das schafft Transparenz und Vergleichbarkeit.

Kriterienmatrix

Dazu zeichnen Sie eine Matrix passend zum Bildthema und zu den benötigten Fähigkeiten an die Tafel. Der Fokus geht vom Einzelbild weg, hin zu den neuen Techniken. Die Schüler*innen hängen Bilder vom Boden an die Tafel und erklären argumentativ, warum ein Kriterium (nicht) erfüllt wurde.

Bildbesprechung Stillleben „Obstschale“	
Kriterium 1: Gestaltung Basistechniken	*Kriterium 2: Oberflächenstrukturen*
Gut gelungen:	*Gut gelungen:*
Verbesserungstipps:	*Verbesserungstipps:*

Kommentar schreiben

Falls Sie das Kunstwerk ohne Kriterienkatalog benoten möchten, macht es Sinn, einen kleinen Kommentar zur Note hinzuzufügen. Darin können Sie Ihre Benotung erklären.

Prüfungen abhalten

Auch in der Kunst ist es durchaus sinnvoll, klassische Prüfungsarbeiten zu schreiben und darin Theoriewissen abzufragen. So eine Prüfung misst dem Fach Kunst mehr Bedeutung bei, bringt die Schüler*innen dazu, auch fachwissenschaftliche Inhalte zu lernen, und erweitert die vorrangig praktische Bewertung um theoretische Aspekte.

Fachwissenschaftlicher Hintergrund

Unter einer Zeichnung versteht die Kunstwissenschaft eine Darstellung, die aus Punkten, Linien und Strichen entstanden ist. Für gewöhnlich verwenden wir zur Herstellung Stifte aus Blei, Graphit, Kohle, Wachs oder Kreide und manchmal auch Hilfsmittel wie Radiergummi und Lineal. Zeichnungen sind in der Regel schwarz-weiß, aber man kann auch farbige Stifte verwenden. Der Charakter von Zeichnungen lässt sich in der Abgrenzung zur Malerei oft besser erfassen. In der Malerei erfolgt die Papiergestaltung nämlich flächenhaft. Dazu nutzen wir ganz andere Materialien wie beispielsweise Wasser-, Acryl- oder Ölfarben mit Pinseln, Schwämmen, Spachteln und Verdünnungsmitteln.

Man erkennt also anhand der verwendeten Zeichenmittel, der Farbgestaltung und der Techniken, ob es sich um eine Zeichnung handelt. Aus den Charakteristika von Zeichnungen entstehen auch die besonderen Herausforderungen beim Zeichnen.

- Wie stellen wir Flächen mit einem Werkzeug dar, das nur Linien zulässt?
- Wie bringen wir die dreidimensionale Umwelt auf eine zweidimensionale Zeichenunterlage?
- Wie stellen wir Farben als Farbabstufungen auf der Schwarz-Weiß-Palette dar?

Zum Grundlagenwissen gehört die Kenntnis über die verschiedenen Härtegrade von Bleistiften und deren Wirkung und Nutzen auf dem Papier. Harte Bleistifte sind für Skizzen geeignet oder sehr helle Farbtondarstellungen, während weiche Bleistifte sich für Konturen und tiefe Schattenfärbungen eignen.

Zudem macht es einen Unterschied, wo ich den Stift halte. Nehme ich ihn weiter vorne, kann ich den Stift genauer führen, halte ich ihn weiter hinten, kann ich mit der Bleistiftseite zeichnen, besser kritzeln und freiere Zeichnungen anfertigen.

Zuletzt fassen die Basistechniken die grundlegenden zeichnerischen Möglichkeiten zusammen, wie man mit dem Bleistift abseits der Linie Farbe auf das Papier auftragen kann. Sie sind Bestandteil jeder Zeichnung, da jede Zeichnung ausgestaltet wird.

Unter den Basistechniken werden folgende Zeichentechniken zusammengefasst:

- **Schraffieren:** Das sind parallel gezeichnete Striche, die schnell eine Fläche füllen.

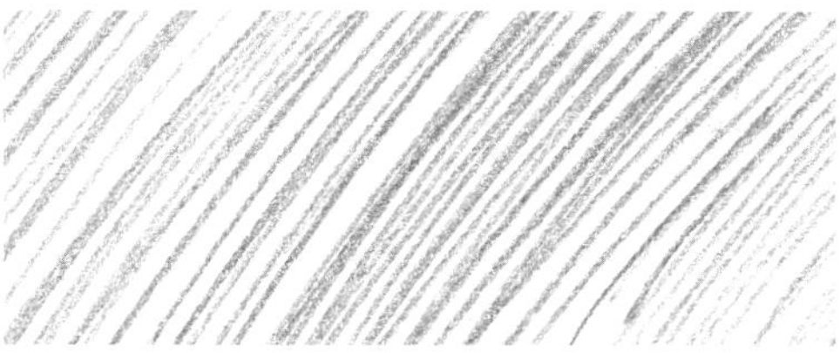

- **Kreuzschraffieren:** Hier zeichnet man quer über die erste Lage der Striche eine zweite Lage Striche.

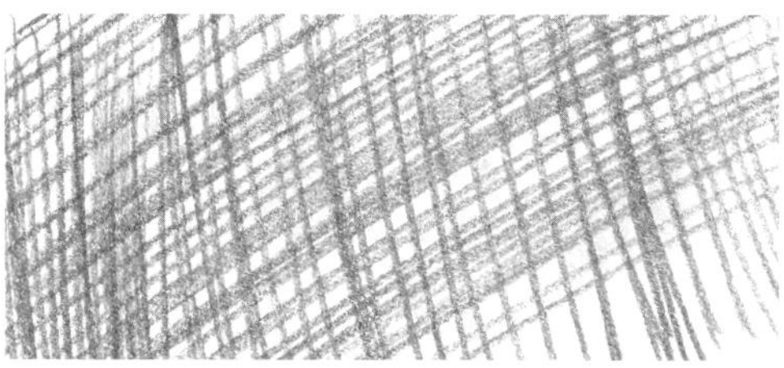

- **Verwischen:** Mit einem möglichst weichen Stift wird ohne viel Druck Farbe aufgetragen. Mit dem Finger oder einem Tuch kann die Farbe verwischt werden.

- **Schummern:** Hierzu fasst man den Bleistift weiter hinten und legt die Mine so flach wie möglich an das Papier an. Dann kann man die Breitkante des Bleistiftes nutzen.

- **Kritzeln:** „Erwachsenes Kritzeln“ ist weniger ein Kreisen, mehr ein kurzes Wellenzeichnen. Jedoch findet hier jeder seinen eigenen Stil.

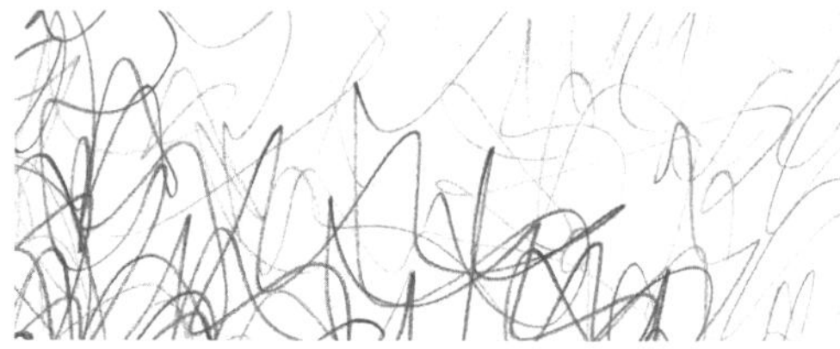

- **Radieren:** Mit dem Radiergummi wird Farbe aus einer Fläche rausgenommen.

- **Abstufen:** Je nach Druck kann mit einem Stift heller oder dunkler gezeichnet werden.

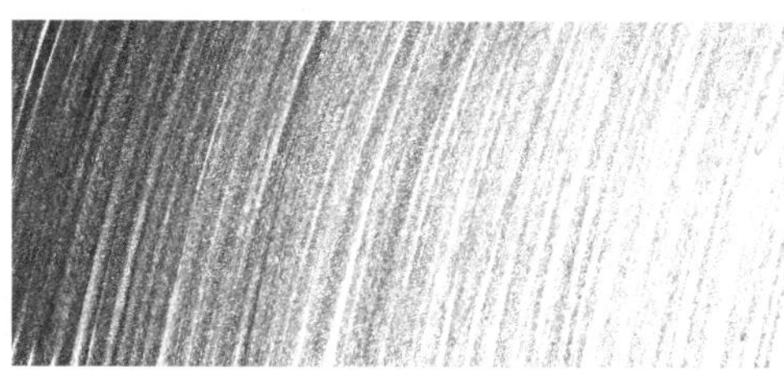

Didaktische Anregungen

Das Verständnis der Linienhaftigkeit von Zeichnungen, das Grundwissen über verschiedene Bleistiftarten und die Beherrschung der Basistechniken bilden die Grundlage vor jedem Zeichenunternehmen. Dieses Kapitel hat zum Ziel, Ihren Schüler*innen dieses nötige Vor- und Grundlagenwissen zu vermitteln, auf das sie dann in jeder weiteren Zeichensequenz zurückgreifen können. Zuerst mag es Ihnen vielleicht unnötig erscheinen, diesen Techniken Zeit zu widmen, und von den Kindern und Jugendlichen werden Sie vermutlich zu hören bekommen, dass das ja „total leicht" wäre. Doch macht die Beherrschung der Basistechniken am Ende den qualitativen Unterschied in der Ausgestaltung zwischen einem kindlich geschummerten Bild oder einer ausgereiften künstlerischen Zeichnung. Die Wertigkeit von Bildern wird durch die Anwendung von Basistechniken erheblich gesteigert.

FACHWORTSCHATZ

Das Lernen von kunstspezifischem Wortschatz verbessert die Gespräche im Unterricht. Legen Sie deswegen viel Wert auf das Erlernen der Fachsprache und nutzen diese selbst als sprachliches Vorbild. Kernbegriffe sind in dieser Phase die Namen der Basistechniken und die Benennung der Bleistifthärten.

Vorgehen: Besprechen Sie mit den Schüler*innen zuerst den Unterschied zwischen Zeichnung und Malerei. Nähern Sie sich dem Thema über einen Bildvergleich und verfassen Sie dazu einen Hefteintrag, ähnlich dem Beispiel.

	Zeichnung	*Malerei*
Gestaltungsart	*- Zeichnen durch Linien, Striche - Flächenhaftigkeit durch Techniken wie Schraffieren und Schummern - meist schwarz-weiß - mit Buntstiften Farbe möglich*	*- Malen durch Flächen - Linien durch Flächenränder - meist farbig - Schwarz-Weiß-Malerei möglich*
Arbeitsmaterial	*- Kartonage, Zeichenpapier, Skizzenbuch - Bleistifte verschiedener Härtegrade - Radiergummi, Lineal, Zirkel - Kreiden, Buntstifte, Kohle- und Graphitstifte, Filzstifte etc.*	*- Leinwand, Malbücher, Malpapier - Pinsel verschiedener Größe und Formen - Wasser-, Acryl-, Ölfarben etc. - Spachtel - Verdünnungsmittel, z. B. Wasser*

Vertiefen Sie den abstrakten Begriff der Linie dann mit Hilfe der Kopiervorlage „Linienbilder“ (**KV 1a, Beispiellösung S. 72**). Schüler*innen, die mit diesem Linienbild schnell fertig werden, können eigenständig und kreativ weitere Linienbilder anfertigen. Eine Feder zum Beispiel lässt sich auch nur aus Linien darstellen.

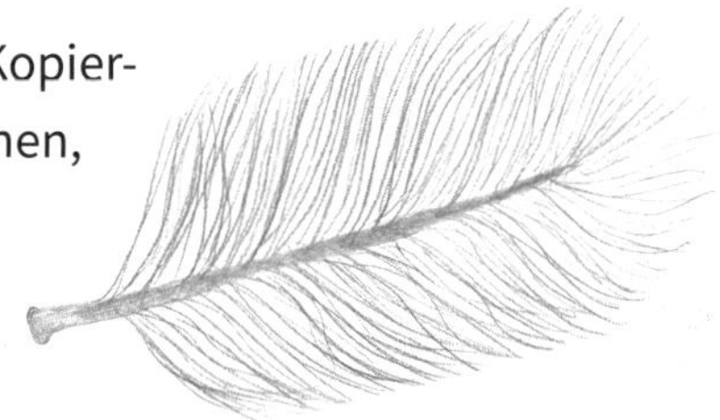

Über das Künstlerduo „Differantly“ (**KV 1b**) lernen Ihre Schüler*innen gleichzeitig Künstler der Postmoderne kennen. Als Einstieg empfiehlt es sich, die Schüler*innen zu fragen, ob sie sich vorstellen können, Bilder nur aus einer Linie zu zeichnen. Dies können sie anhand der Kopiervorlage „Bilder aus einer Linie zum Nachfahren“ (**KV 1c**) ausprobieren.

Anschließend lernen die Schüler*innen die Basistechniken für das Zeichnen kennen (**KV 1d**). Machen Sie gemeinsam erste Versuche und sprechen Sie über Beobachtungen. Fragen Sie dazu Ihre Schüler*innen nach jeder Basistechnik, was sie bemerkt und entdeckt haben. Vertiefen Sie das Gespräch, indem Sie nachhaken, wann man die Basistechnik gut einsetzen könnte, oder wann man die Stifthaltung ändern sollte etc. Anschließend können die Schüler*innen die Basistechniken zur Ausgestaltung von Buchstaben verwenden (**KV 1e**). Auch hier können besonders schnelle Schüler*innen wieder frei weitere – auch kompliziertere – Umrisse wählen und mit Hilfe der Basistechniken ausgestalten. Außerdem können die Schüler*innen die Ergebnisse fortführen und einen eigenen Schriftzug gestalten.

TIPPS

- **Motivieren Sie Ihre Schüler*innen beständig dazu, alle Basistechniken anzuwenden. Dadurch habitualisieren sie die Techniken und erweitern ihr Zeichenrepertoire ungemein auf einfache Weise.**
- **Im Lauf der Zeit sollen die Schüler*innen ihren eigenen Stil entwickeln. Überlegen Sie somit gut, was Sie korrigieren, wo Sie beraten und wo Sie Unterschiedlichkeiten bestärken und als Anlass für Unterrichtsgespräche nutzen.**

Die Basistechniken des Zeichnens, die Sie mit Ihren Schüler*innen anhand der **KV 1d** üben können, eignen sich gut als „Warm-up“ vor jeder Zeichenstunde. Man kann z. B. ein kleines Basistechniken-Bingo spielen (ca. zehn Minuten). Dazu falten die Schüler*innen ein leeres Blatt, sodass ein Raster aus neun Feldern für die neun Basistechniken entsteht. Sie beschriften die Zeilen und Spalten (Zeile A, B, C und Spalte 1, 2, 3) und füllen die entstandenen Flächen nach Ihrem Kommando aus: z. B. „A3 – schummern!“

Variante: Lassen Sie Ihre Schüler*innen im Wechsel so lange Kommandos geben, bis alle Flächen gefüllt sind.

KOMPETENZCHECK

Die Schülerinnen und Schüler …

- ✓ … grenzen den Fachbereich Zeichnen ab, indem sie Charakteristika, Arbeitsweisen und Materialien benennen.
- ✓ … verstehen die Linie als Grundelement von Zeichnungen.
- ✓ … gestalten frei Hand Bilder aus und mit Linien.
- ✓ … kennen Künstler*innen, die Bilder aus Linien gestalten.
- ✓ … erkennen und benennen die Basistechniken und nutzen sie für ihre Zeichnungen.
- ✓ … erweitern durch die Basistechniken ihr Repertoire um hochwertige Ausgestaltungsmöglichkeiten.
- ✓ … habitualisieren die Basistechniken, indem sie diese zu Beginn jeder Zeichenstunde trainieren.
- ✓ … entwickeln mit der Zeit ihren eigenen Stil bei der Verwendung von Basistechniken.

Kopiervorlage 1a | Linienbilder

Aufgabe: Eine Linie ist ein wichtiges Gestaltungselement für ein Bild. Gehe von der vorgegebenen Linie aus und gestalte auf der ganzen Seite ein Linienbild. Dazu setzt du links und rechts neben die Linie weitere parallel verlaufende Linien.

- Du kannst die Abstände zwischen den Linien variieren – mal enger und mal weiter.
- Du kannst die kompletten Linien parallel laufen lassen oder einem Abschnitt einen anderen Verlauf geben, z. B. einen „Bauch" einarbeiten.
- Schaffst du es, den Stift pro Linie nicht abzusetzen?

Tipp: Benutze einen weichen Bleistift, damit du die Linien mit wenig Druck ziehen kannst.

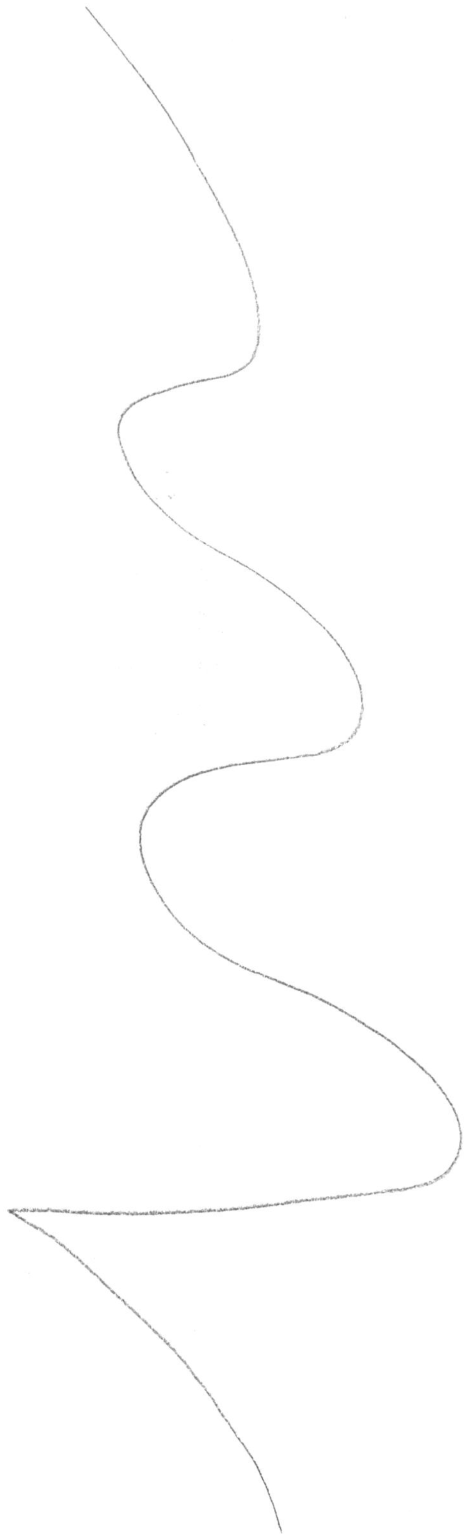

Kopiervorlage 1b | Recherche zum Künstlerduo „Differantly“

Das Künstlerduo „Differantly“
Emmanuelle und Stephane sind zwei Künstler aus Frankreich. Zusammen haben sie das Label „Differantly“ (DFT) gegründet und vermarkten darunter ihre Kunst. Sie zeichnen Bilder, die aus nur einer Linie entstehen. Sie setzen den Stift also einmal an und nehmen diesen erst wieder ab, wenn sie mit ihrem Bild fertig sind. Dabei reicht die Art ihrer Kunstwerke von ganz kleinen Zeichnungen über bewegte Bilder, T-Shirt-Aufdrucke, Designideen bis hin zu großen Leinwänden, Wänden und sogar bemalten Böden.
Ihre Kunst zeichnet sich durch „Minimalismus“ aus. Das heißt, sie wollen unsere komplizierte Umwelt auf das Einfache und Wichtige reduzieren, mit wenig etwas darstellen.
Das können Tiere, Fantasieformen, Gegenstände, Schriftzüge, Logos und vieles mehr sein.
Neugierig geworden? Was sie genau zeichnen, wie das aussieht und wie sie es machen, kannst du jetzt selbst entdecken.

Aufgaben:

- Suche im Internet nach Artikeln und Interviews über das Label „Differantly“.
- „Differantly“ hat auch einen Instagram-Account.
- Auch auf Youtube findest du Videos der Künstler.
- Notiere hier Informationen und Eindrücke, die du gesammelt hast:

978-3-589-16711-1 | Karin Rulka, Null Bock auf Kunst?! | Hintergrund (Kopfzeile und Seitenzahl): Shutterstock.com/Jamesbin; Illustration: Karin Rulka

Kopiervorlage 1c | Bilder aus einer Linie zum Nachfahren

Aufgabe 1: Nimm einen dicken Stift zur Hand und fahre die Bilder nach.
Schaffst du es, die Linie nachzuziehen, ohne den Stift abzusetzen?

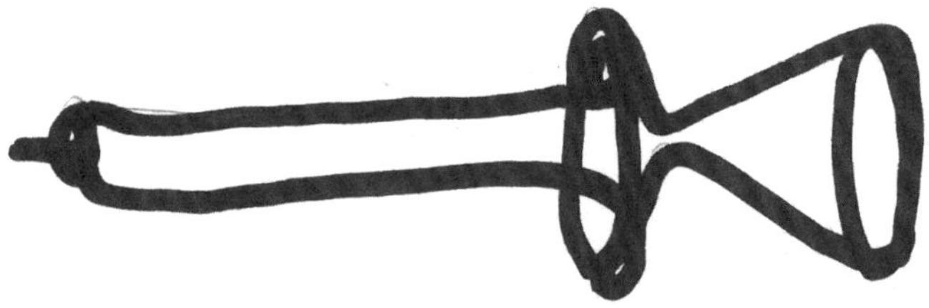

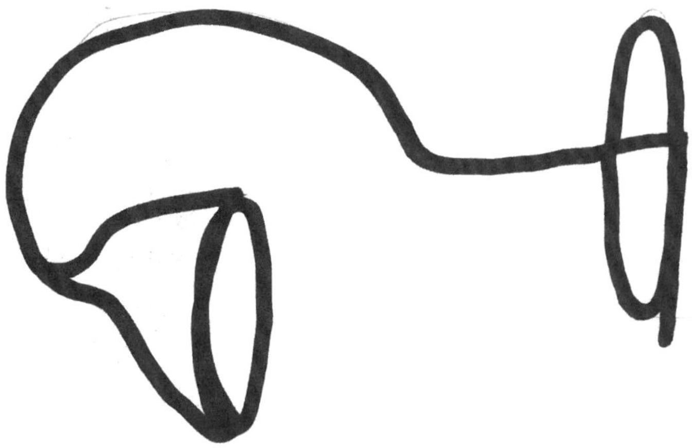

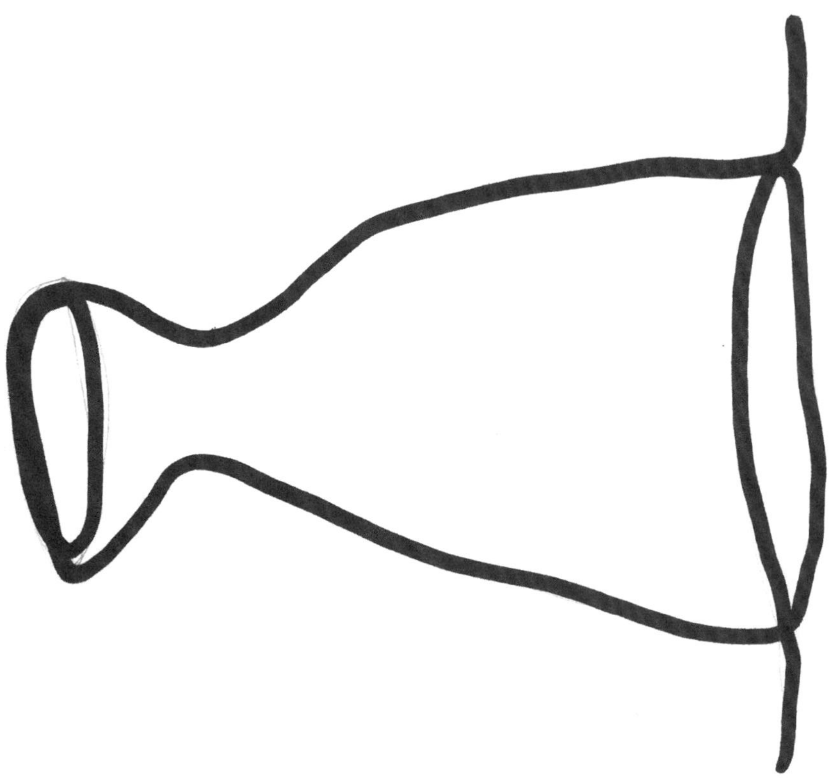

Aufgabe 2: Zeichne die Gegenstände nun auf ein leeres Blatt ab.

Aufgabe 3: Suche dir weitere Vorlagen zum Nachzeichnen (z. B. aus Zeitschriften). Versuche, mit einem Stift die Kontur und Hauptmerkmale der Vorlage mit einer Linie nachzuzeichnen. Übertrage dann auf ein leeres Blatt.

Kopiervorlage 1d | Basistechniken für das Zeichnen (1)

Aufgabe 1: Hände lockern und den Stift richtig halten. Schüttle zuerst deine Hände, dehne die Finger und lasse die Handgelenke kreisen. Experimentiere dann damit, den Stift mal am Ende, mal am Anfang zu halten, und zeichne in dieses Feld.

Aufgabe 2: Schraffieren. Das sind parallel gezeichnete Striche, die mehr oder weniger eng nebeneinander liegen und eine freie Fläche füllen. Halte den Stift hierzu locker und zeichne schnell anstatt genau.

Aufgabe 3: Kreuzschraffieren. Auf die erste Lage der gezeichneten Striche zeichnest du zur Verdichtung und Verdunkelung quer eine zweite Lage Striche darüber.

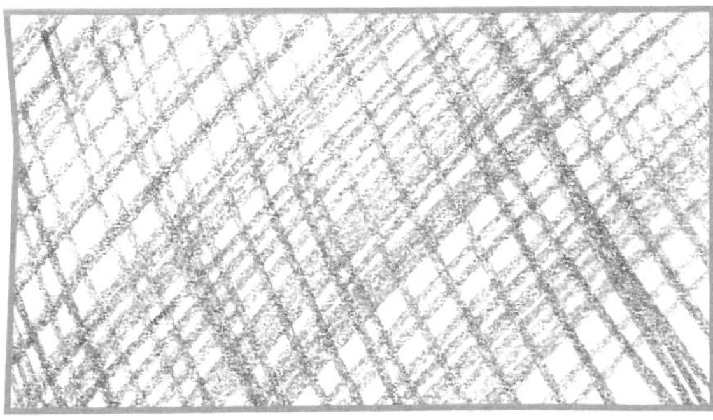

Aufgabe 4: Schummern. Hierzu fasst du den Bleistift weiter hinten und legst die Mine so flach wie möglich an das Papier an. Mit mehr oder weniger Druck kannst du nun mit der Breitkante des Bleistiftes über das Papier fahren.

Kopiervorlage 1d | Basistechniken für das Zeichnen (2)

Aufgabe 5: Verwischen. Nimm einen möglichst weichen Stift und trage ohne viel Druck Farbe auf. Mit dem Finger oder einem Tuch kannst die Farbe dann verwischen. Dadurch erscheint ein weicheres Ergebnis.

Aufgabe 6: Abstufen. Je nach Druck kannst du mit einem Stift heller oder dunkler zeichnen.

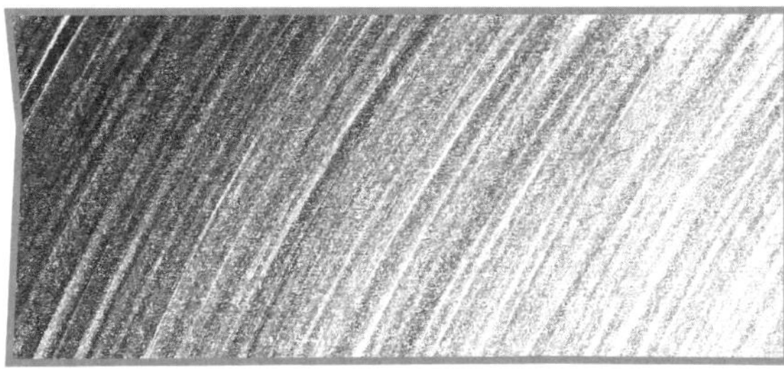

Aufgabe 7: Radieren. Mit dem Radiergummi kannst du aus einer gezeichneten Darstellung wieder Farbe rausnehmen und beispielsweise Strukturen einzeichnen.

Aufgabe 8: Kritzeln. „Kopf aus, lockere Hand an“ ist hier die Devise. Kritzeln ist weniger ein Kreisen, mehr ein kurzes Wellenzeichnen. Finde hier deinen eigenen Kritzelstil.

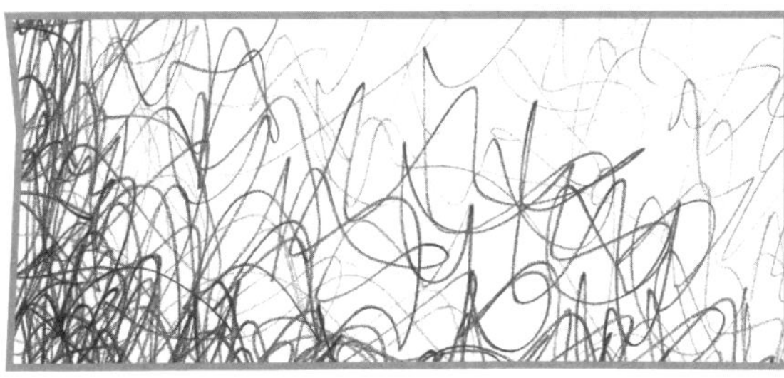

Aufgabe 9: Bleistifthärten. Je härter der Bleistift, desto genauer und feiner die Linie. Je weicher der Bleistift, desto schwärzer der Farbauftrag. Probiere hier verschiedene Bleistifte aus.

Kopiervorlage 1e | Buchstaben füllen

Aufgabe 1: Nutze die Basistechniken und fülle die Umrisse der Buchstaben aus. Verwende möglichst viele unterschiedliche Techniken.

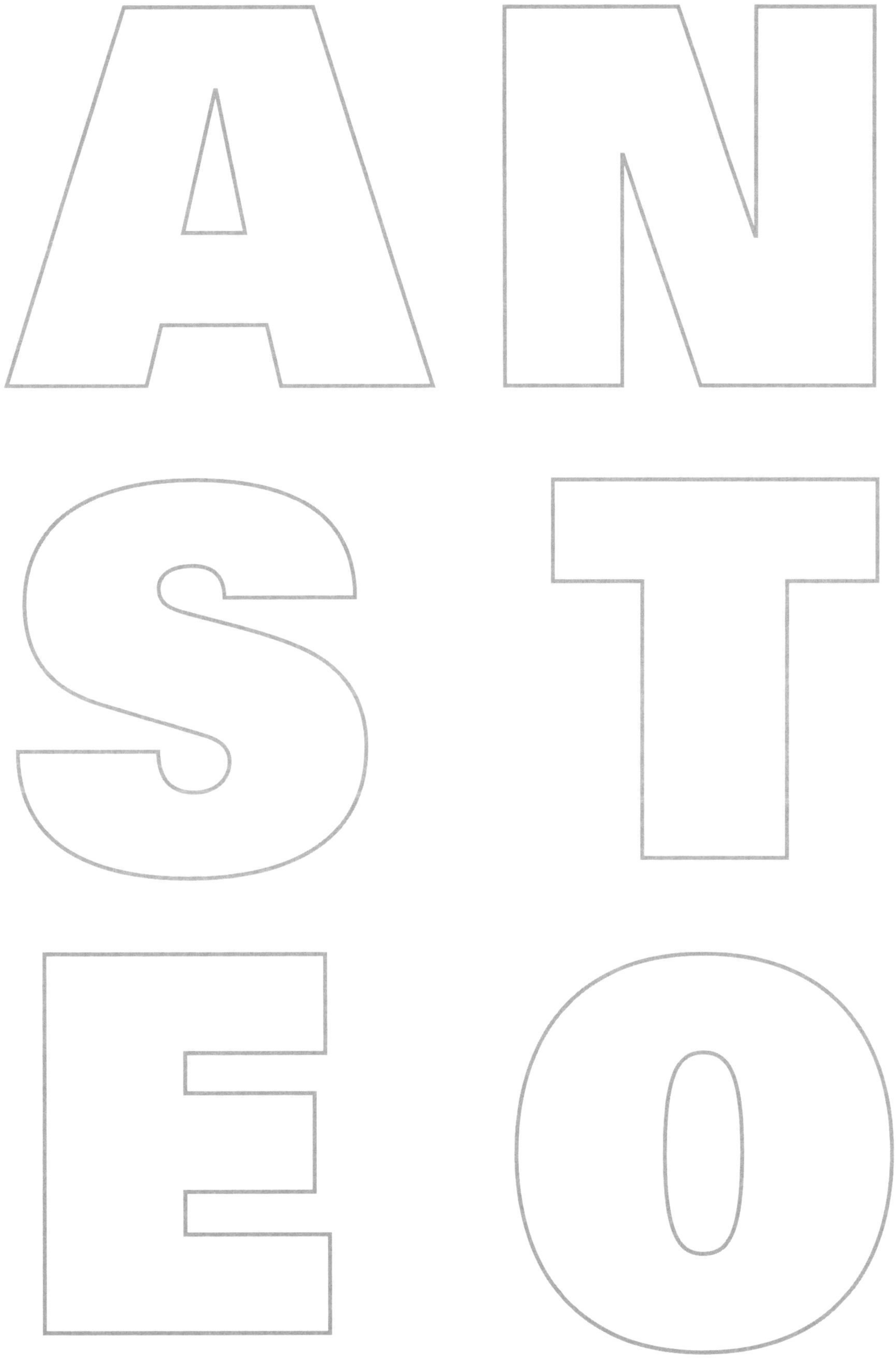

Aufgabe 2: Gestalte nun einen eigenen Schriftzug so, wie er dir gefällt. Das kann z. B. dein Name oder ein Motto sein.

Fachwissenschaftlicher Hintergrund

Für ein gutes Ergebnis beim Zeichnen hilft es, wenn wir lernen, die Welt mit den Augen professioneller Zeichner*innen zu betrachten. Das bedeutet, dass wir das, was wir darstellen möchten, in die Grundelemente zerlegen, welche wir zu zeichnen gelernt haben. Letztendlich lassen sich fast alle Zeichengegenstände aus geometrischen Figuren und Körpern zusammensetzen. So bauen z. B. Zeichenprofis ihre Skizzen für Abbildungen von Menschen und Tieren aus aneinandergelegten Ellipsen auf. Alle runden Zeichenmotive, wie Bälle jeglicher Art, können aus dem geometrischen Körper „Kugel" abgeleitet werden. Wer also erfolgreich zeichnet, sieht beispielsweise ein Haus nicht als Ganzes, sondern als Zusammensetzung verschiedener Vierecke, Würfel, Prismen und Zylinder. Die Grundformen, vor allem die Kontur und die formgebenden Linien, geben für das Zeichnen die nötige Orientierung bei der Anlage einer Skizze.

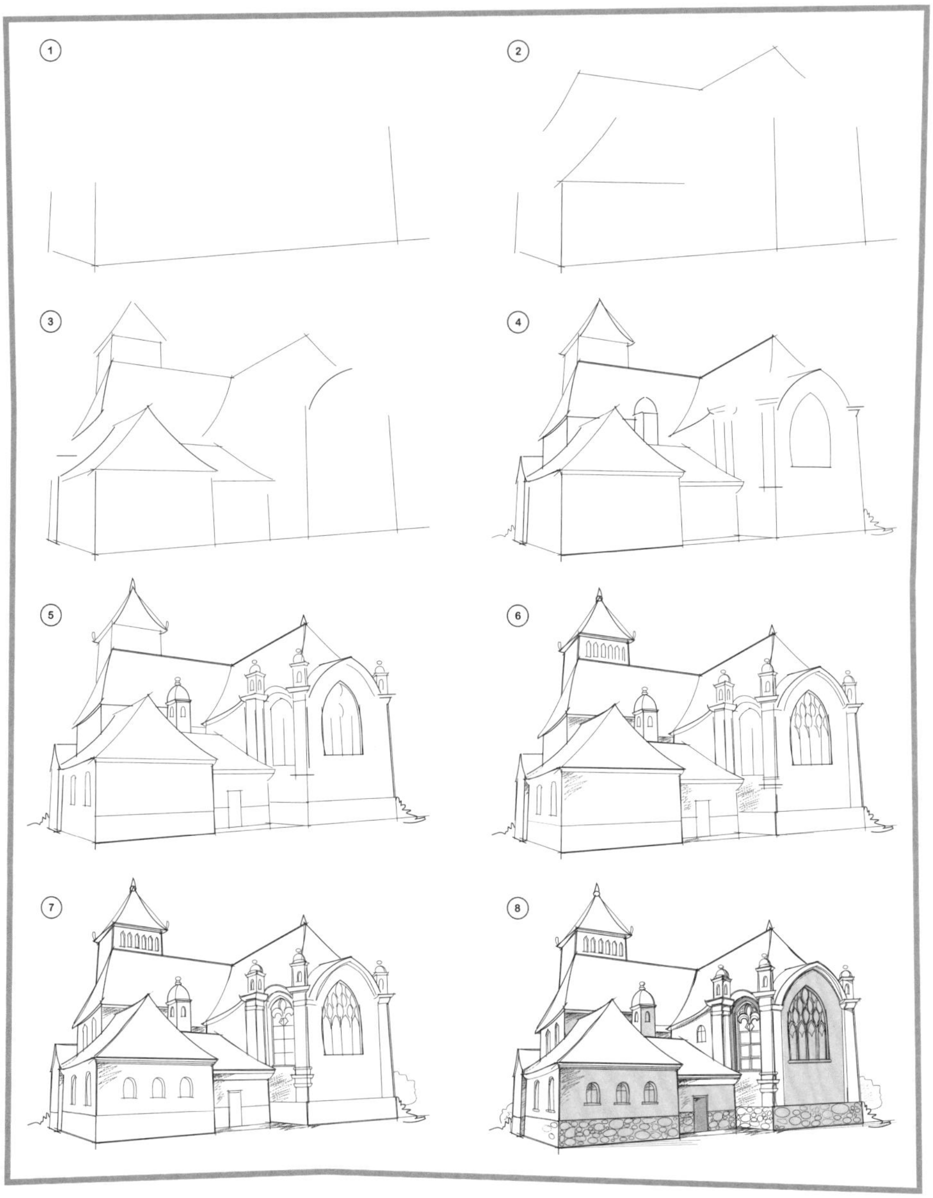

Die Grundformen sind unterteilt in:

- 1. Kreise und Kugeln (**KV 2a** und **2b**)
- 2. Ellipsen und Zylinder (**KV 2c** bis **2e**)
- 3. Vierecke und Quader (**KV 2f** und **2g**)
- 4. Dreiecke und Prismen

In diesem Band werden die Grundformen 1. bis 3. behandelt. Ziel dieses Kapitels ist es, dass die Schüler*innen sowohl diese Grundformen zeichnen lernen, als auch ihr zeichnerisches Sehen trainieren. Dadurch erweitert sich ihr Zeichenpotenzial deutlich.

Didaktische Anregungen

Um die Grundformen zu erkennen, sollte jeder Form genug Zeit gewidmet werden. Auch wenn die geometrischen Figuren und Körper im Mathematikunterricht bereits vorkamen, kann das Zeichnen noch Probleme bereiten. Die Schüler*innen sollten jede Form zuerst in der Grundform zeichnen können, bevor sie daraus Abwandlungen vornehmen. Die Kopiervorlagen dienen der Anbahnung und Einübung der Kompetenzen und berücksichtigen auch schwächere Schüler*innen. Um die Kreativität der Kinder und Jugendlichen zu fördern, empfiehlt es sich, den Zeichenunterricht später für eigene Zeichenmotive zu öffnen.

FACHWORTSCHATZ

Schlagschatten – Schatten vom Gegenstand an lichtabgewandter Seite,
Lichtquelle – (gedachtes) Licht gibt Schattierungen vor, z. B. Sonne oder Lampe

Vorgehen: Damit Ihre Schüler*innen von der gesehenen Welt zur Zeichnung kommen können, müssen sie die folgenden drei Schritte durchlaufen:

- Schritt 1 – die geometrischen Figuren in Gegenständen, Tieren oder Menschen erkennen,
- Schritt 2 – die Formen auf das zweidimensionale Blatt übertragen,
- Schritt 3 – mittels Schraffuren und weiteren Gestaltungsmitteln die einzelnen geometrischen Formen zum Gesamtkörper verknüpfen und ausgestalten.

Schreiben Sie zum Einstieg den Satz „Zeichnen zu lernen, bedeutet, sehen zu lernen!“ an die Tafel. Lassen Sie die Schüler*innen spekulieren, was damit gemeint sein könnte.

Zeigen Sie nun drei vorbereitete Realia vor (z. B. einen leeren Ordner, ein Glas, ein Buch) und fragen Sie die Schüler*innen, wie sie das zeichnen würden.

Nach einer kurzen Ideensammlung helfen Sie den Schüler*innen, Schritt 1 zu verstehen, indem Sie vorbereitete geometrische Figuren aus Buntpapier auslegen und Schüler*innen die Buntpapierstücke auf die Realia legen lassen.

Vollziehen Sie gemeinsam einmal Schritt 2, dadurch dass Sie die Buntpapierstücke auf ein großes Papier übertragen. Um Schritt 3 einzubeziehen, können Sie kurz die Ausgestaltung andeuten.

Lassen Sie die Schüler*innen weitere Gegenstände in Formen zerlegen. Motivierend ist es auch zu sehen, wie professionelle Künstler*innen Menschen aus Ellipsen aufbauen. Im Internet finden Sie hierzu geeignetes Anschauungsmaterial. Sichern Sie die Inhalte in einem Hefteintrag. Das Ergebnis könnte so aussehen wie auf der nächsten Seite.

Grundformen in der Kunst		
Kreise und Kugeln	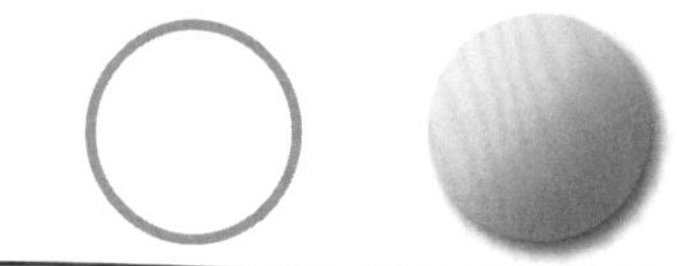	In Abwandlung: Ball, Luftballon, Eiskugel, Lampion ...
Ellipsen und Zylinder	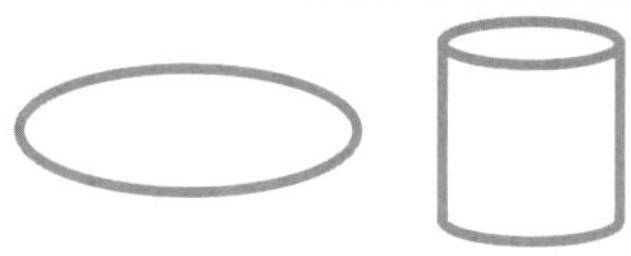	In Abwandlung: Glas, Vase, Hocker, Litfaß-säule ...
Vierecke und Quader	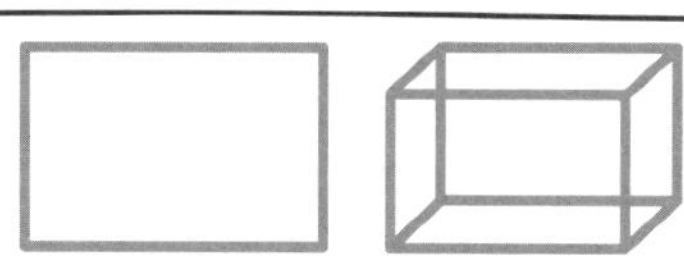	In Abwandlung: Karton, Buch, Box, Schrank ...
Dreiecke und Prismen	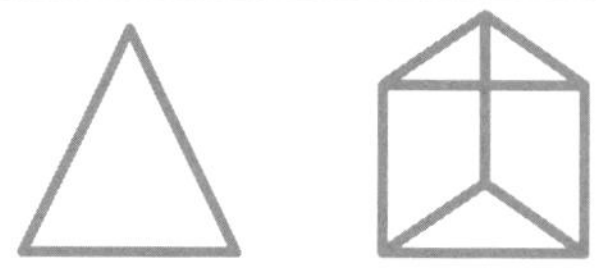	In Abwandlung: Ordner, Sandwichbox, Schilder ...

Lassen Sie dann die Kopiervorlagen zu den einzelnen Grundformen bearbeiten. Zu Beginn gibt es jeweils ein Einstiegsarbeitsblatt zum Kennenlernen der Form (**KV 2a, 2c, 2f**). Anschließend folgt Differenzierungsmaterial in Form von Zeichenvorlagen, Zeichentricks und Schritt-für-Schritt-Anleitungen. Das Material ist so gedacht, dass Ihre Schüler*innen die Grundkompetenz zum selbstständigen Zeichnen und Sehen der Form erlernen. Freie Zeichnungen von eigenen oder vorgegebenen Gegenständen sind letztendlich das Ziel. Motivieren Sie die Schüler*innen, an ihren Ergebnissen kreativ weiterzuarbeiten. Bei **KV 2e** könnten sie beispielsweise noch eine Blume einzeichnen, die in der Vase steht (**Beispiellösung S. 72**).

TIPPS

- **Freihändig gezeichnete Formen werden nie perfekt sein: Skizzen sind Skizzen. Sprechen Sie darüber mit den Schüler*innen.**
- **Benutzt man Hilfsmaterialien, verliert die Zeichnung ihren lockeren Charakter. Man spricht dann eher von technischen Zeichnungen. Hilfsmittel werden wir zu einem späteren Zeitpunkt verwenden.**

Um ein konkretes inneres Bild von einem Gegenstand zu entwickeln, hilft es, sich gemeinsam verschiedene Fotos davon anzusehen und die Merkmale aufzuschreiben.

Für weiteres Training, zur Differenzierung für Starke oder als Hausaufgabe eignen sich diese Zeichenaufgaben:

- Kreise und Kugeln: Bälle (**KV 2b**), Eiskugeln im Eisbecher, Apfel (**KV 2b**), Lampions an einer Girlande
- Ellipsen und Zylinder: Vasen und Gefäße (**KV 2d** und **2e**), Litfaßsäulen, überfüllte Mülleimer, einen Polsterhocker designen (Grundform Zylinder, ggf. mit Beinen)

- Vierecke und Quader: Kisten und Geschenke (**KV 2f** und **2g**), Regale, Kartons, Pakete, Bücher oder Handys

Zur Abwechslung können Sie die Zeichnungen mit Kohle- oder Graphitstiften zeichnen lassen. Vor allem für starke Schüler*innen ist dies eine willkommene Differenzierung.

Beachten Sie auch den **Webcode** zum ersten Unterstützungsvideo „Aus Kreisen werden Kugeln". In dem Video wird mittels verschiedener Techniken gezeigt, wie aus drei Kreisen in Kürze Kugeln entstehen. Nutzen Sie folgende Beobachtungsaufträge und Gesprächsimpulse:

Zeichenvideo
„Aus Kreisen werden Kugeln"
cornelsen.de/webcodes
Code: kisuhe

- Welche Techniken werden verwendet?
- Wie erzeugt die Zeichnerin den 3D-Effekt?
- Welche Fachbegriffe kannst du zuordnen (Lichtquelle, Schlagschatten, die Namen der Basistechniken Kritzeln, Schraffieren, Schummern)?
- Welche Technik sagt dir am meisten zu?

Im Anschluss können die Schüler*innen das Video auf ihrem eigenen Endgerät nochmal ansehen und in ersten Versuchen die Techniken nachmachen.
Die Aufgabe „Aus Kreisen werden Kugeln" ist für Schüler*innen besonders herausfordernd, da der 3D-Effekt nur durch die richtige Schattierung entsteht. Sich vorführen zu lassen, wie diese Verwandlung aussehen kann, hilft beim eigenen Erstversuch.
Schließen Sie die Sequenz mit einer offenen Aufgabe ab, um den Lernfortschritt zu kontrollieren und sichtbar zu machen. Verwenden Sie ein Bild, welches noch nicht gezeichnete Gegenstände zeigt (z. B. aus dem Internet). Drucken Sie es aus und lassen Sie die Schüler*innen zuerst zeichnerisch sehend die Gegenstände in geometrische Figuren zerlegen, indem sie diese mit Filzstift nachfahren. Anschließend können die geometrischen Figuren auf ein leeres Blatt übertragen und ausgestaltet werden.

KOMPETENZCHECK

Die Schülerinnen und Schüler …

- ✓ … sehen „mit den Augen professioneller Zeichner*innen", indem sie Gegenstände in geometrische Grundformen zerlegen können.
- ✓ … kennen für jede Grundform Beispielrepräsentanten aus der echten Welt.
- ✓ … benennen und zeichnen die Grundformen.
- ✓ … verwenden zugehörige Fachsprache (z. B.: Schlagschatten, Lichtquelle).
- ✓ … gestalten die Grundformen mit den Basistechniken aus.
- ✓ … zeichnen Gegenstände ihrer Wahl von einem Bild ab, indem sie die neuen Techniken anwenden.

Kopiervorlage 2a | Vom Kreis zur Kugel (1)

Aufgabe 1: Fahre den Kreis mehrfach mit einem weichen Bleistift nach.
Zeichne eigene Versuche daneben.

Aufgabe 2: Sieh dir zuerst das Video an. Verwandle dann den Kreis in eine Kugel.
Beachte dabei die Schritt-für-Schritt-Anleitung unten im Rahmen.

Lichtquelle = gedachter Lichtursprung
Schlagschatten = Bodenschatten auf lichtquellenabgewandter Seite

Schritt 1: Setze die Lichtquelle oben rechts fest.
Schritt 2: Schattiere die Kugel am lichtquellenabgewandten Rand sehr dunkel und werde zur Lichtquelle hin heller.
Schritt 3: Radiere die Reflexion des Lichts im oberen rechten Drittel ein.
Schritt 4: Verwische!
Schritt 5: Vergiss den Schlagschatten nicht.

978-3-589-16711-1 | Karin Rulka, Null Bock auf Kunst?! | Hintergrund (Kopfzeile und Seitenzahl): Shutterstock.com/Jamesbin; Illustration: Karin Rulka

Kopiervorlage 2a | Vom Kreis zur Kugel (2)

Aufgabe 3: Lege in dem Zeichenfeld ein Bild mit mehreren verschiedengroßen Kugeln an.
Du kannst dich an dem Beispielbild orientieren.
Du kannst die Kugeln auch ganz anders anordnen.
Beachte die Schritt-für-Schritt-Anleitung aus Aufgabe 2.

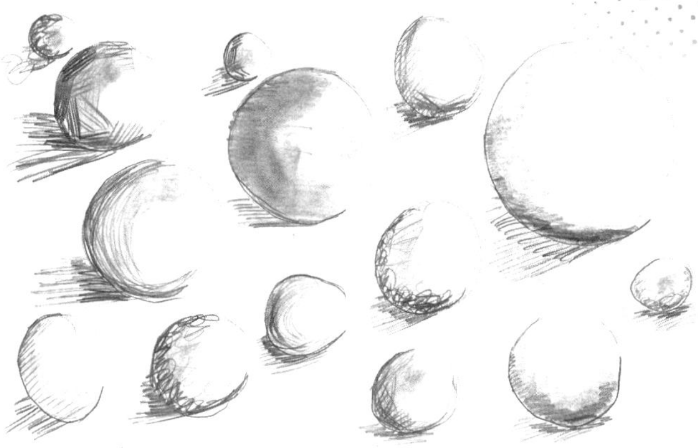

Kopiervorlage 2b | Von der Kugel zum Apfel und zum Tennisball

Aufgabe 1: Schattiere den Apfel so aus, dass er noch kugelartiger erscheint! Zeichne danach einen eigenen Apfel auf ein extra Blatt.

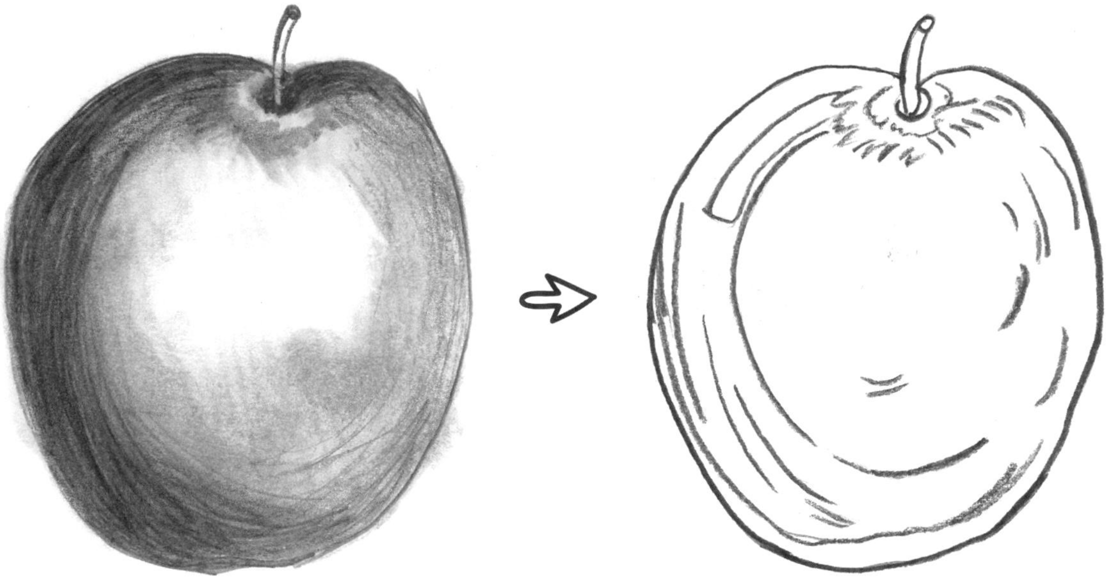

Aufgabe 2: Zeichne den Tennisball zu Ende und schattiere ihn wie eine Kugelform aus!

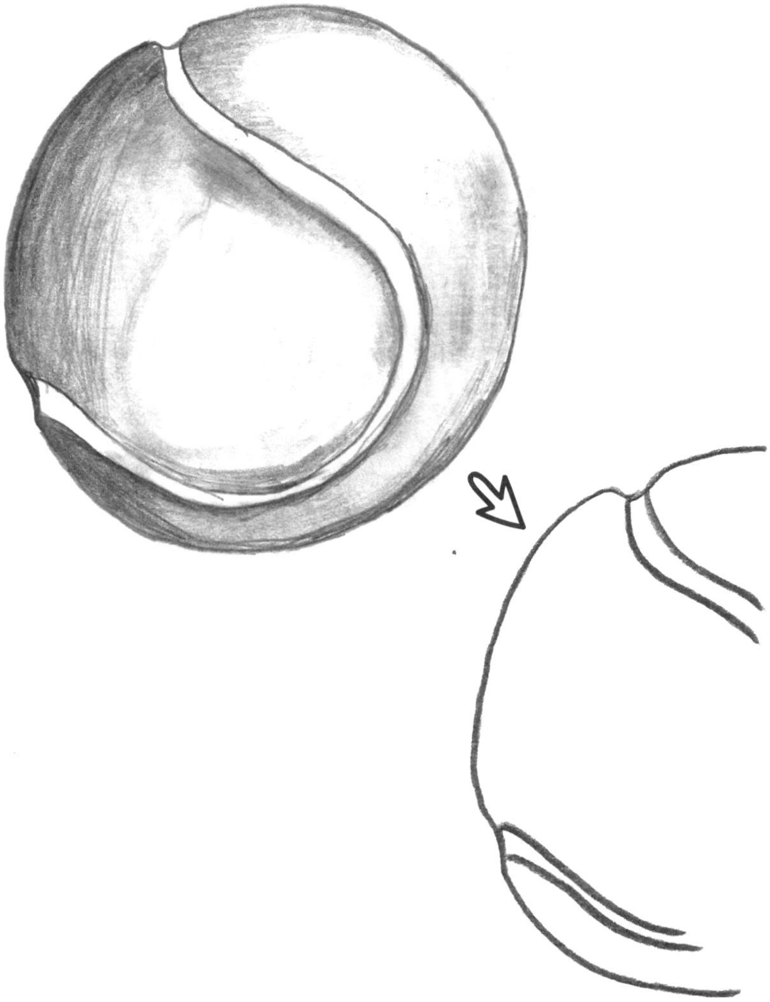

978-3-589-16711-1 | Karin Rulka, Null Bock auf Kunst?! | Hintergrund (Kopfzeile und Seitenzahl): Shutterstock.com/Jamesbin; Illustration: Karin Rulka

Kopiervorlage 2c | Von der Ellipse zum Zylinder

Aufgabe 1: Fahre die Ellipse mehrfach mit einem weichen Bleistift nach.
Zeichne dann eine eigene Ellipse daneben.

Aufgabe 2: Um einen Zylinder zu erhalten, zeichnest du eine Ellipse vor und ziehst von den Rändern zwei senkrechte Striche herunter. Deren Endpunkte verbindest du unten mit einer ähnlich gebogenen Linie, wie sie die obige Ellipse hat. Versuche es selbst.

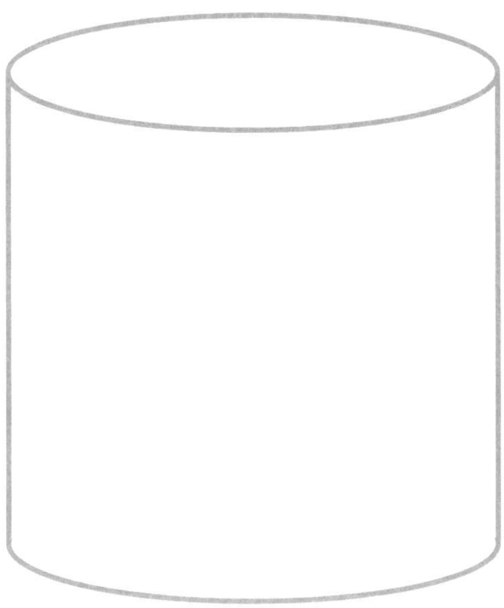

Aufgabe 3: Aus einem Zylinder wird ein Gefäß, indem du die Seitenlinien abänderst. Sieh dir das Beispiel an, zeichne den Zylinder in einer Farbe und das Gefäß in einer anderen Farbe nach. Probiere es dann selbst auf dem Platz daneben aus.

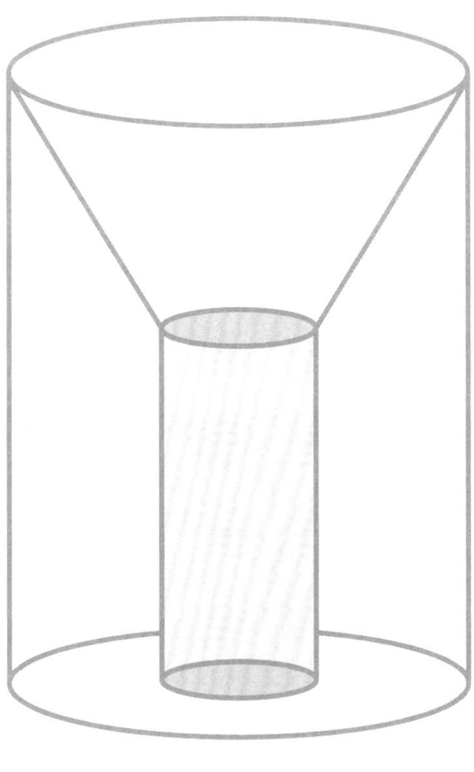

Kopiervorlage 2d | Ellipsen anordnen

Aufgabe 1: Auf dem Bild siehst du Ellipsen, die mit der Hand gezeichnet sind.
Fahre die Ellipsen locker aus der Hand mit verschiedenen Bleistiften nach.

Aufgabe 2: Mit Ellipsen kannst du schnell unterschiedliche Formen entwerfen. Erkennst du den Schneemann und die gestapelten Steine? Was siehst du noch?

Aufgabe 3: Zeichne eigene Formen mit Ellipsen auf ein anderes Blatt Papier.

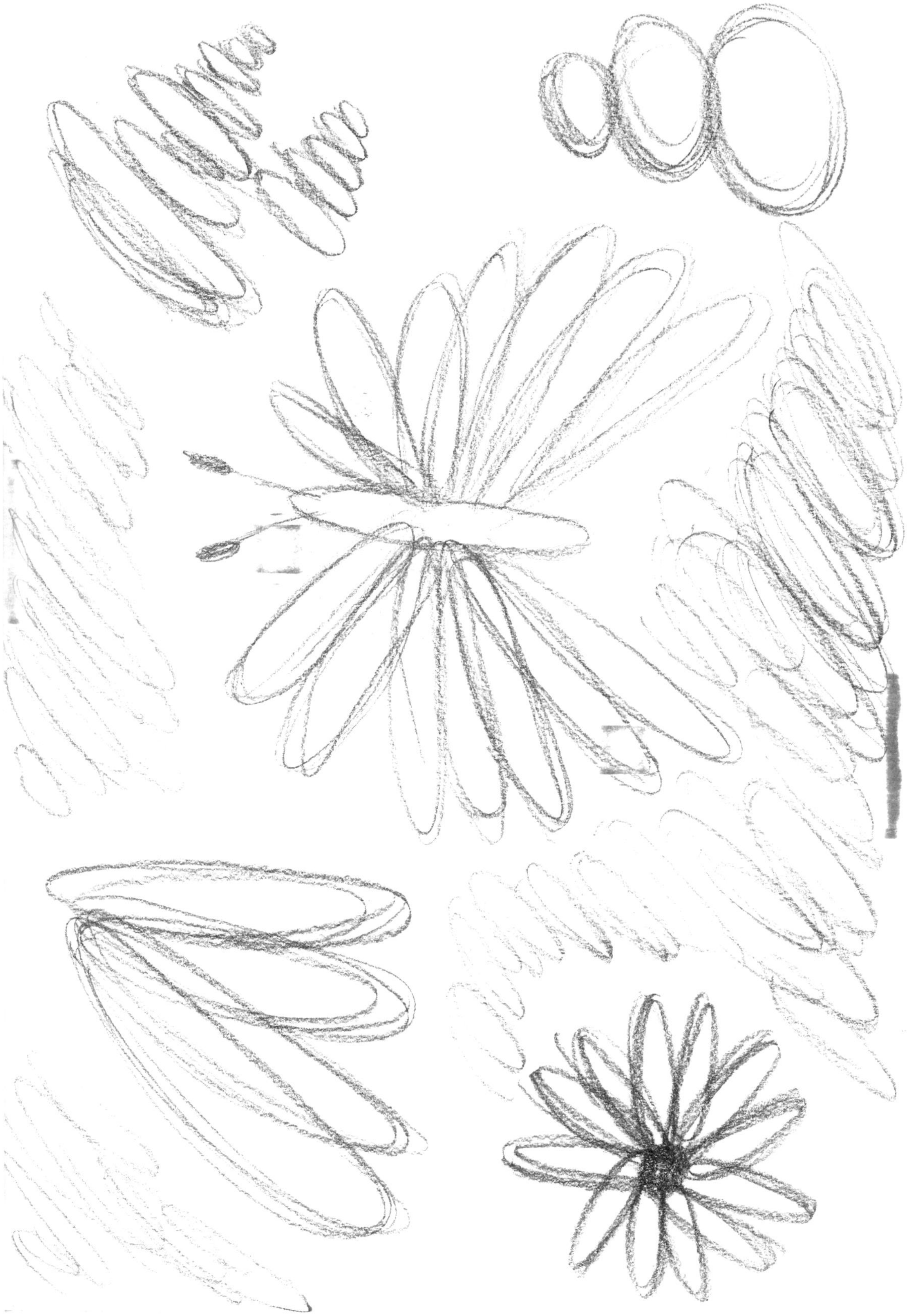

Kopiervorlage 2e | Gefäße zeichnen

Aufgabe 1: Zeichne eine flaschenähnliche Vase. Der Anfang ist schon gemacht. Beachte dabei die Schritt-für-Schritt-Anleitung.

> Schritt 1: Finde die Mitte in der Ellipse und markiere sie mit einem Punkt.
> Schritt 2: Zeichne von diesem Punkt aus eine senkrechte Mittellinie ein.
> Schritt 3: Lege dein Geodreieck an und zeichne rechts und links die Punkte im gleichen Abstand ein. Diese Punkte helfen dir, die äußere Linie der Vase zu zeichnen.
> Schritt 4: Zeichne die Außenkanten der Vase.
> Schritt 5: Schattiere die Vase.

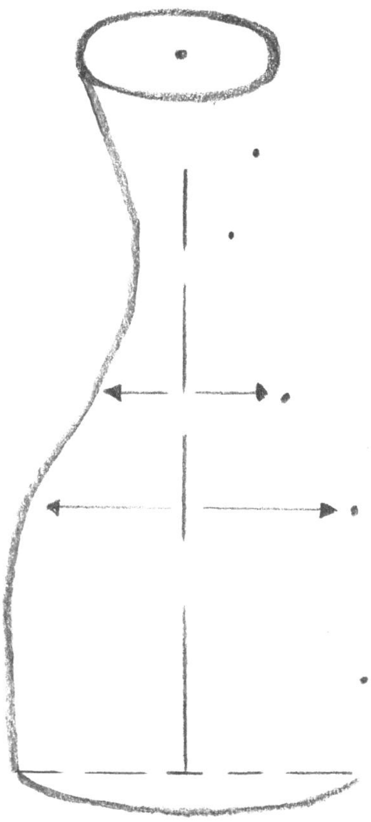

Aufgabe 2: Beende die Zeichnung von diesem Becher. Du kannst dabei dieselbe Technik verwenden wie bei der Vase.

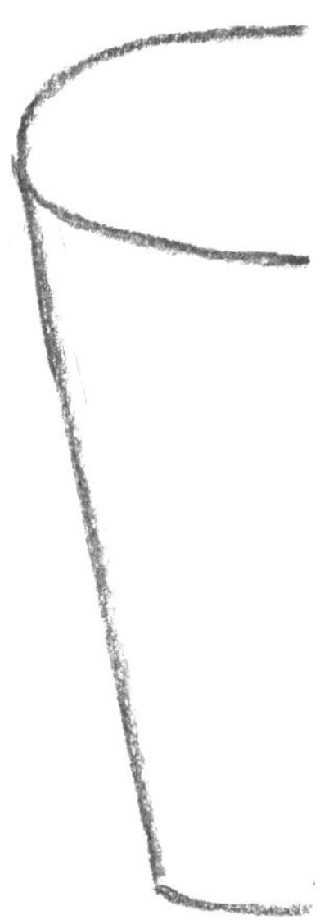

Kopiervorlage 2f | Vom Viereck zum Quader

Vorübung: Welche der vier Linien sind parallel? Kreise sie ein.
Dann zeichne parallele Linien zur Linie ganz rechts.

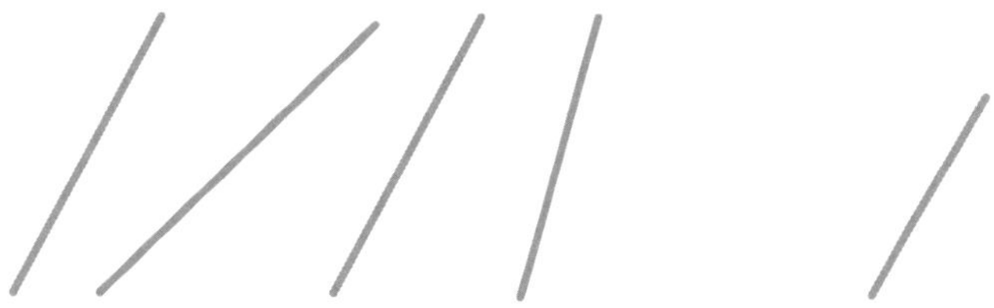

Aufgabe 1: Vollende den Würfel.

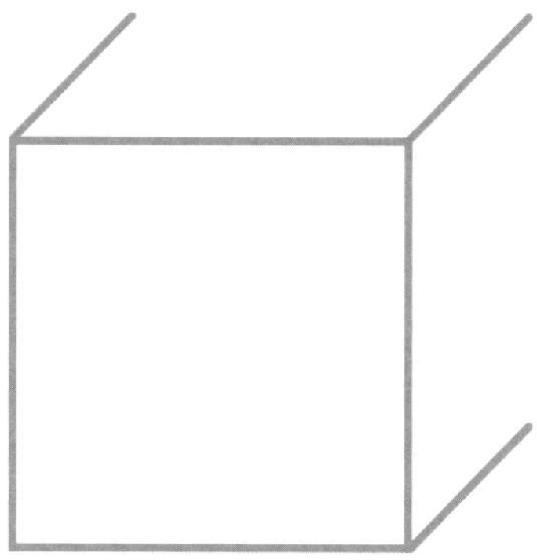

Zeichne die fehlenden vier Linien ein.

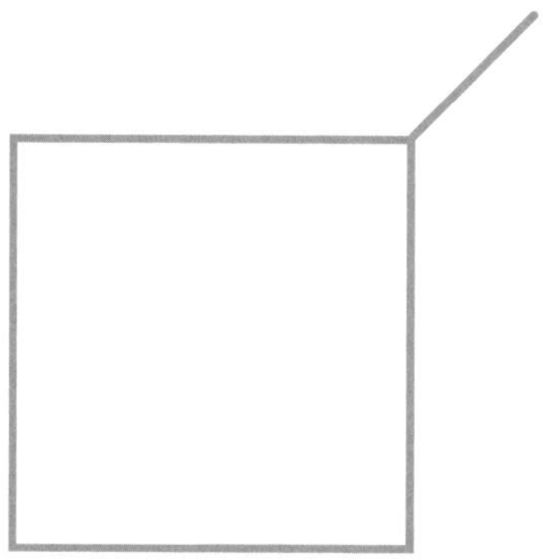

Aufgabe 2: Zeichne das vordere Viereck ein.

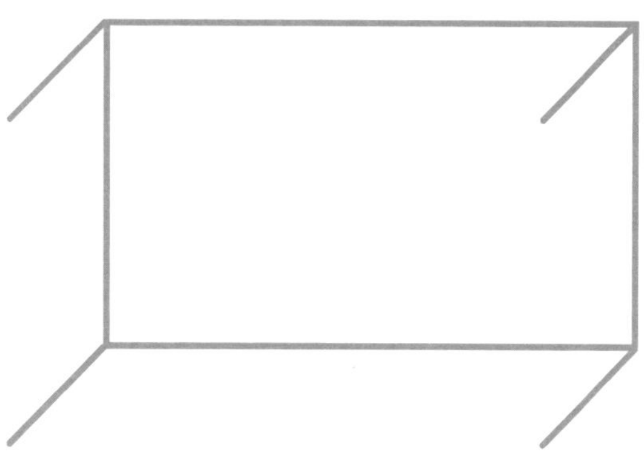

Zeichne einen Quader!

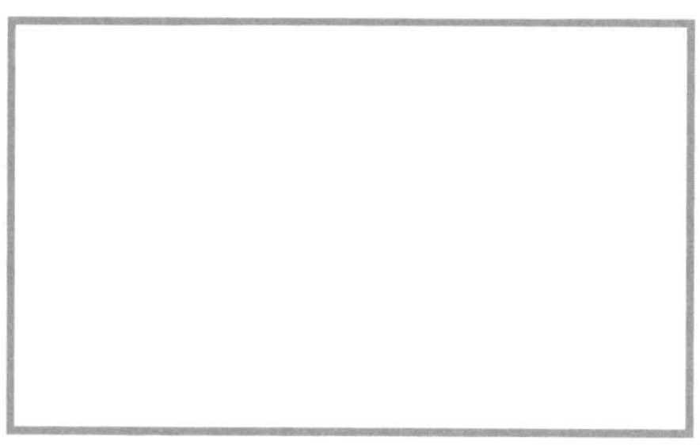

Aufgabe 3: Wenn der Würfel nicht durchsichtig wäre:
Welche Flächen könntest du von außen sehen? Schraffiere sie farbig.

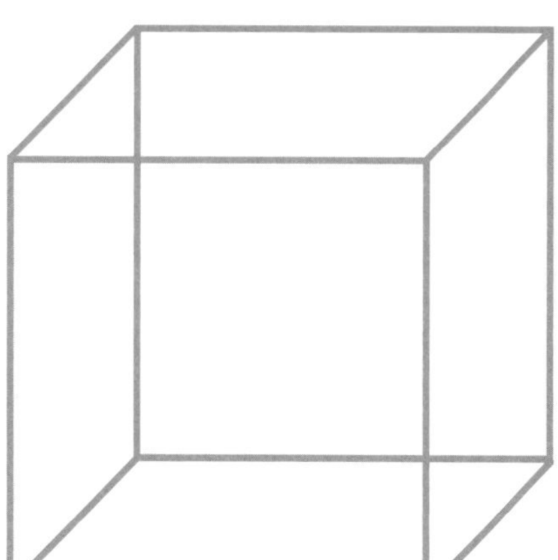

Aufgabe 4: Zeichne nun einen eigenen Quader.

Kopiervorlage 2g | Vom Quader zur Schachtel

Aufgabe 1: Zeichne eine Kiste wie in der Schritt-für-Schritt-Anleitung:

Schritt 1: Zeichne einen normalen Quader, so wie er von außen sichtbar ist. Verzichte auf Innenlinien oder radiere sie weg, falls du sie zur Konstruktion gebraucht hast.

Schritt 2: Zeichne den Deckel ein, indem du vom oberen Rand des Quaders ein Stückchen tiefer gehst und die Linien parallel zur Front- und Seitenlinie einzeichnest. Da ein Deckel etwas übersteht, musst du die drei Ecken des Deckels nun noch leicht abrunden und nachfahren, damit sie etwas außerhalb der normalen Quaderlinien stehen.

Schritt 3: Schattiere die Kiste nun mit Techniken deiner Wahl aus, sodass der 3D-Effekt deutlicher wird.

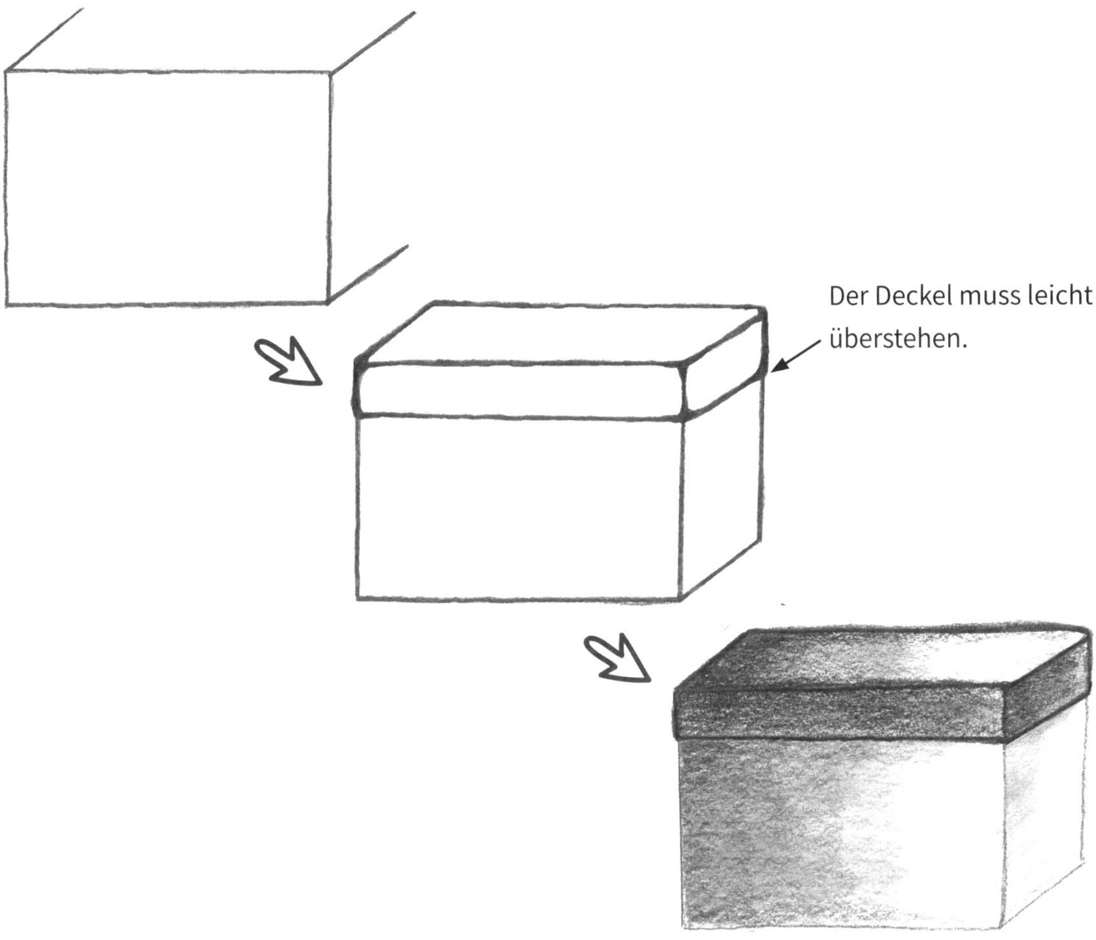

Aufgabe 2: In einem weiteren Schritt kannst du aus der Schachtel ein Geschenk machen, indem du es mit Geschenkbändern überziehst!

Kopiervorlage 2h | Mit Grundformen ein großes Gebäude zeichnen

Aufgabe: Zeichne das Gebäude weiter. Du kannst Türen, Fenster, Türme, Balkone und weitere Bauelemente einfügen, wie es dir am besten gefällt. Nutze dazu alle Grundformen und die Techniken, die du gelernt hast.

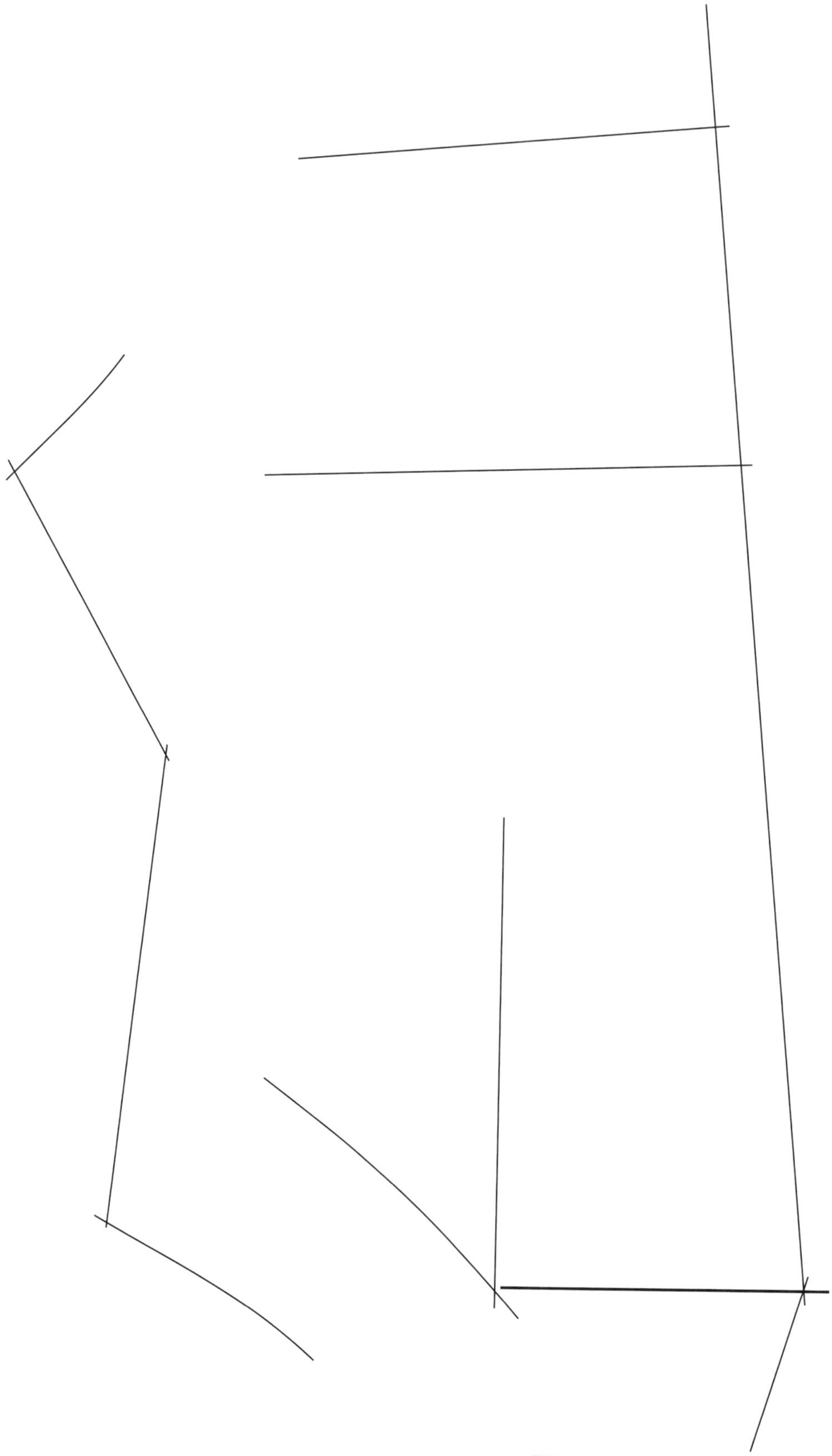

Fachwissenschaftlicher Hintergrund

Die folgenden Techniken erweitern das Repertoire Ihrer Schüler*innen, damit sie auch spezifische Zeichenaufgaben lösen können.

Umrisslinien: Mit Umrisslinien fügen wir einem Gegenstand seine spezifische Form hinzu. Im linken Beispiel sehen Sie eine erstmal nicht zuzuordnende Form. Mit den Umrisslinien wird klar, dass es sich um ein Rohr handelt. In dem Bild in der Mitte fügen wir der Figur durch Umrisslinien ein Volumen hinzu. Im rechten Bild entsteht durch das Einzeichnen der Linien der Eindruck von Tiefe in der Schüssel. Umrisslinien erzeugen somit Form, Volumen und Tiefe.

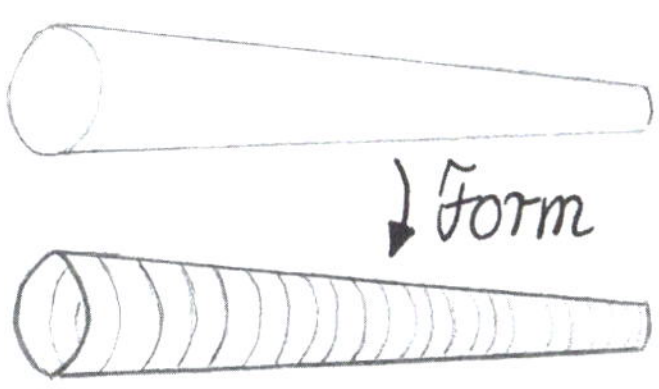

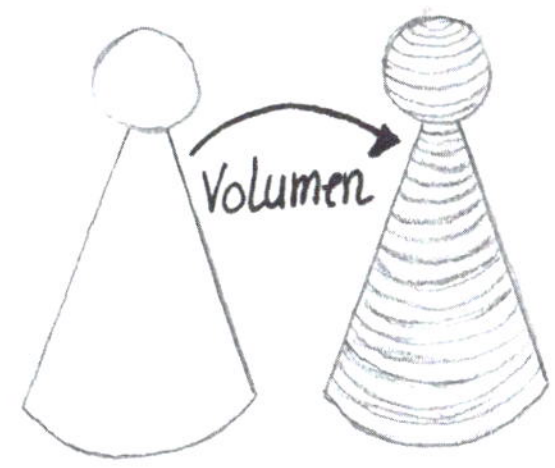

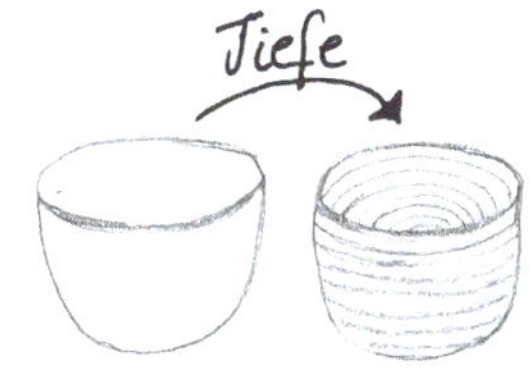

Licht- und Schatteneffekte: Ein höherer Kontrast hilft dem Auge generell, ein Bild deutlicher wahrzunehmen. Wir erreichen dies durch das Einzeichnen von Schwärze als Schatten und durch das Einradieren von weißen Flächen in graue Zonen als Lichteffekte. Zusätzlich können wir durch das geschickte Anordnen von Licht- und Schatteneffekten Durchsichtigkeit erzeugen.

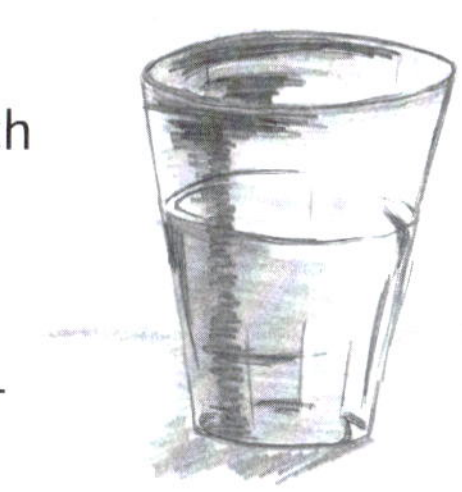

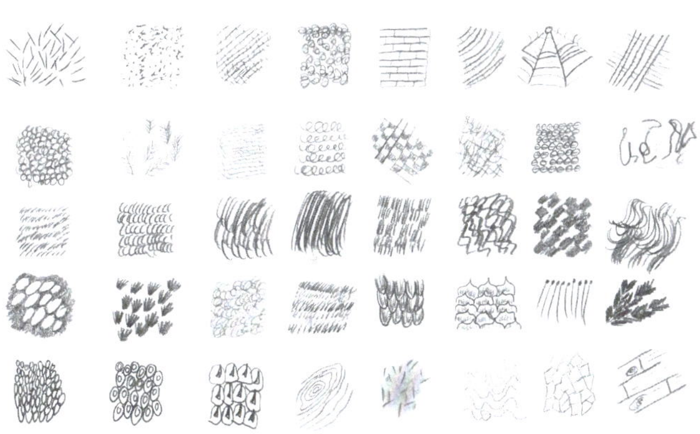

Oberflächenstrukturen: Jede Oberfläche hat ihre spezifische Erscheinungsform: glatt, rau, haarig oder kachelig? Nach einem genauen Blick lernen wir, jedem Objekt seine richtige Struktur zu verpassen. Oberflächenstrukturen sind also immer dann nötig, wenn sie den Charakter eines Zeichenobjekts bestimmen oder wenn wir allgemein eine detailreiche Zeichnung produzieren wollen.

Überschneidungen: Wenn Gegenstände vor- oder hintereinander stehen, überschneiden sie sich optisch. Dann sieht man von dem hinteren Objekt weniger als von dem vorderen. Darstellungen im Vordergrund sind dunkler, schärfer und detailreicher als im Hintergrund. Je weiter weg, desto kleiner, verschwommener und heller müssen wir zeichnen. Diese Technik brauchen wir, um mehrere Gegenstände auf einem Blatt darzustellen.

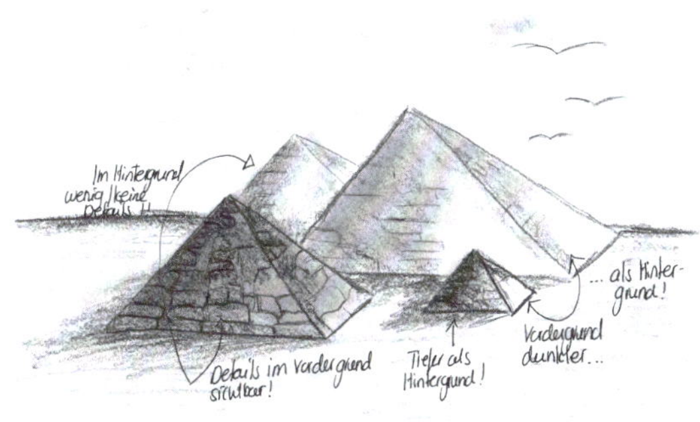

Didaktische Anregungen

FACHWORTSCHATZ

Neue Begriffe: Kontrast, High- und Lowlights, Volumen, Umrisslinien, Schattierung, Durchsichtigkeit, Oberflächenstrukturen, Überschneidungen

Umrisslinien: Verteilen Sie die Kopiervorlage zu den Umrisslinien (**KV 3a**). Sprechen Sie anhand des Infotextes und der Beispiele über die Bedeutung der Umrisslinien. Dann wenden die Schüler*innen dies praktisch in Aufgabe 1 an und vervollständigen die drei vorgegebenen Figuren. In Aufgabe 2 können sie einen bewegten Gegenstand frei zeichnen. Besprechen Sie mit der Klasse vorab, wie man die Bewegung der Fahne darstellen kann.

In einem weiteren Schritt können die Schüler*innen Spielfiguren auf verschiedenen Schwierigkeitsstufen ausformen (**KV 3b**). Die Schüler*innen schließen diese Einheit mit dem Zeichnen der „Riesenwelle" ab. Für diese herausfordernde Aufgabe finden Sie eine Schritt-für-Schritt-Anleitung als Kopiervorlage (**KV 3c**) oder Sie nutzen die Option, passende Bilder im Internet suchen und die Konturen am Fenster abpausen zu lassen.

Licht- und Schatteneffekte: Richtig dunkle Flächen zu zeichnen, fällt den Schüler*innen oft schwer, da sie Angst haben, ihr Bild zu zerstören und etwas nicht mehr wegradieren zu können. Oft erleben Schüler*innen den Bruch zwischen dunklen und hellen Bereichen auch als unrealistisch und bleiben deswegen in den hellgrauen Stufen. Vielleicht kennen Sie die Frage von Schüler*innen nach dem, was ihrer an sich „richtigen" Zeichnung noch fehlt. Meist ist dies die passende Ausgestaltung, für die es verschiedene stilistische Möglichkeiten gibt. Die Auswahl und die Ausführung führen letztendlich auch zu einem individuellen Stil.

Schauen Sie gemeinsam das Video „Kraftvoll schattieren!" **(Webcode)** an. Es zeigt, wie aus einer leicht ausschattierten Zeichnung innerhalb von wenigen Minuten durch deutliche Schattierungen ein ausdrucksstarkes Bild entsteht. Nutzen Sie folgende Beobachtungsaufträge und Gesprächsimpulse:

Zeichenvideo
„Kraftvoll schattieren!"
cornelsen.de/webcodes
Code: papuha

- Welche Techniken wurden verwendet?
- Welchen Effekt haben das Nachfahren der Konturen und das starke Einschwärzen für das Auge?
- Wie könnte man das Endergebnis noch weiter ausgestalten?
- Wenn du in einem Museum wärst: Bei welchem der zwei Gefäße würdest du stehenbleiben – warum?

Teilen Sie als Handlungsimpuls ein leicht ausschattiertes Gefäß aus und lassen die Schüler*innen direkt selbst loslegen (**KV 3d**) und die Ergebnisse vergleichen.

Lassen Sie zur Sicherung einen Hefteintrag zu den Möglichkeiten des Schattierens verfassen:

Tricks für das kraftvolle Schattieren
- *Zeichengegenstände und relevante Linien am Ende mit einem dunklen Stift nachziehen*
- *Basistechniken mischen*
- *das ganze Bild ausgestalten*
- *sehr dunkle und sehr helle Flächen herstellen und abgrenzen (Kontrast!)*
- *verschiedene Bleistifthärten in einem Bild verwenden*

Erarbeiten Sie danach mit der Klasse, wie durch das geschickte Anordnen von Licht- und Schatteneffekten der Anschein von Durchsichtigkeit entsteht, und lassen Sie auf der Kopiervorlage „Durchsichtigkeit erzeugen" (**KV 3e**) ein Wasserglas zeichnen.

Als Transfer schlage ich zwei Themen vor:

- Ihre Schüler*innen können entweder einen tropfenden Wasserhahn zeichnen.
- Oder sie verbinden als Stilmix gezeichnete Tränen mit einem Bildausschnitt, was fast surreal wirkt. Dazu suchen sich die Schüler*innen eine geeignete Augenpartie aus einer Zeitschrift, einem Prospekt, einer Kunstpostkarte o. Ä. und ergänzen verschiedene Tränen (dicke, dünne, große, kleine, viele, wenige, ganze Sturzbäche …). Vergessen Sie nicht, darauf hinzuweisen, dass die Augen auch einer männlichen Person gehören können! Auch Tieraugen können einen spannenden Effekt ergeben.

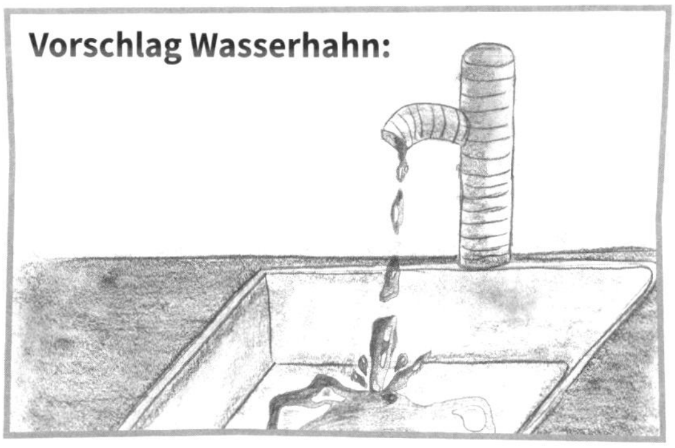

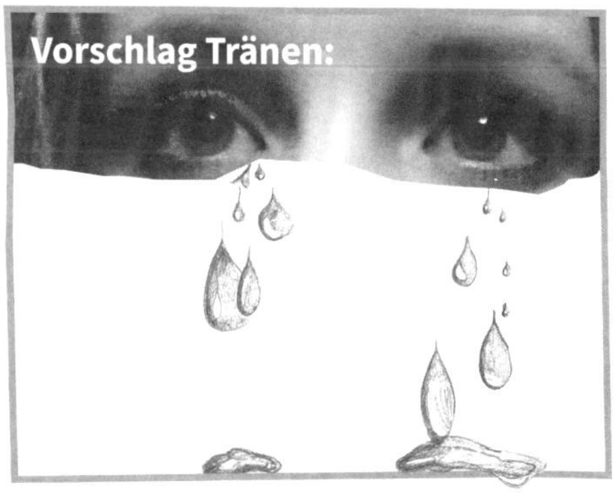

Oberflächenstrukturen: Sehen Sie sich gemeinsam die Kopiervorlage zu den verschiedenen Oberflächenstrukturen an (**KV 3f**). Spekulieren Sie mit den Schüler*innen, welche Struktur zu welcher Oberfläche der echten Welt gehören könnte. Notieren Sie die Ergebnisse auf dem Arbeitsblatt. Anschließend können die Schüler*innen das Drachenauge auf der nächsten Kopiervorlage (**KV 3g, Beispiellösung S. 72**) mit passenden Strukturen ausfüllen. Bringen Sie in den Unterricht Bilder von verschiedenen Reptilien mit, die zeigen, wie ihre Haut aussieht. Zeigen Sie an der Tafel, wie man die Struktur zeichnerisch darstellen kann. Die Beispiellösung kann Ihnen dabei helfen. Es kann auch zur Differenzierung genutzt werden, indem es Schüler*innen Ideen für die Oberflächenstruktur vermittelt.

Weitere attraktive Vertiefungszeichnungen können z. B. das Zeichnen eines Vogelflügels, einer Muschel oder eines Holzstücks sein.

TIPPS

Als Differenzierung für Fortgeschrittene bietet es sich immer an, dasselbe Bild nochmal mit Kohle oder Tusche zeichnen zu lassen oder die Aufgabenformate für weitere Inhalte zu öffnen.

Überschneidungen: Zeigen Sie Ihren Schüler*innen eine Landschafts- oder Stadtabbildung, welche weit in die Ferne reicht. Lassen Sie das Bild unter dem Aspekt der Überschneidungen analysieren. Bieten Sie weitere Anschauungen an: Sie können z. B. mehrere Bücher (oder Schachteln etc.) in einer Gruppe vor- bzw. hintereinander aufstellen und mit Kreppband die sichtbaren Kanten abkleben lassen. Leiten Sie daraus Regeln für das Zeichnen ab.
Tasten Sie sich gemeinsam an ein später zu erstellendes Pyramidenbild heran, indem die Schüler*innen die Pyramiden der Kopiervorlage „Pyramiden legen" (**KV 3i**) ausschneiden und in einem Erstversuch richtig anordnen. Besprechen Sie ausgehend von Richtigem und Falschem, welche Regeln (nicht) befolgt wurden. Zum Beispiel muss die vordere Pyramide tiefer liegen und Pyramiden mit Details dürfen nicht im Hintergrund sein. Besprechen Sie dabei auch geläufige Fehler wie das „Fliegen" von Pyramiden in der Luft, wenn die hintere Kante einer Pyramide in einer anderen Pyramide steht oder über der Bodenkante liegt.

Ausgehend davon können Sie dann die Kopiervorlage „Überschneidungen" (**KV 3h**) bearbeiten und die erarbeiteten Regeln hieran abgleichen lassen.

Die Kopiervorlage „Gefäße anordnen und zeichnen" (**KV 3j**) ist für Schüler*innen häufig besonders herausfordernd. Wiederholen Sie deswegen zuerst die Kopiervorlage „Gefäße zeichnen" (**KV 2e**, **S. 33**) als Hilfestellung.

KOMPETENZCHECK

Die Schülerinnen und Schüler …

- ✓ … lösen mit den neuen Techniken Zeichenaufgaben zu Volumen, Tiefe, Form, Durchsichtigkeit, gegenstandsspezifischen Oberflächen und Überschneidungen.
- ✓ … benennen und erklären die Techniken, indem sie Fachsprache und Fachwissen anwenden.

Kopiervorlage 3a | Umrisslinien

Mit Umrisslinien kannst du einem Gegenstand seine spezifische Form hinzufügen.

Im ersten Beispiel wird mit den Umrisslinien klar, dass es sich um ein Rohr handelt. Ändert man die Kontur, wird daraus eine Taschenlampe. Im zweiten Bild bekommt die Figur durch Umrisslinien ein Volumen. Im dritten Bild entsteht durch das Einzeichnen der Linien der Eindruck von Tiefe in der Schüssel. Umrisslinien erzeugen somit Form, Volumen und Tiefe.

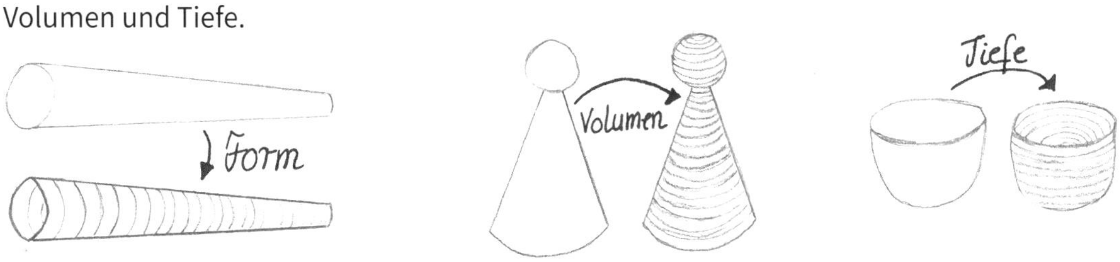

Aufgabe 1: Versuche es nun selbst! Gib den folgenden Gegenständen ihre Umrisslinien und gestalte dadurch Form, Volumen und Tiefe.

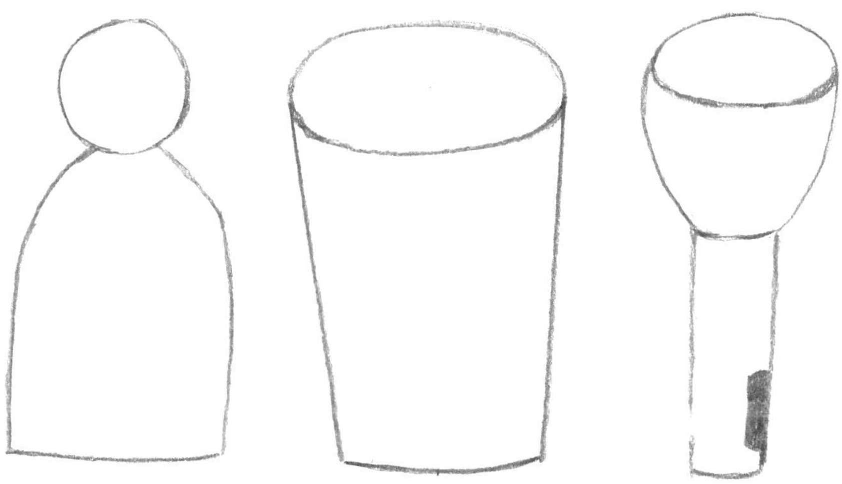

Aufgabe 2: Zeichne nun in das freie Feld eine im Wind wehende Fahne. Du kannst dich an dem Beispiel orientieren oder eine eigene Form finden.

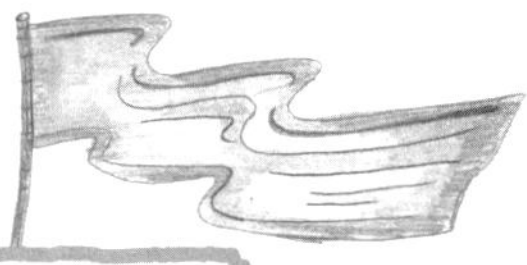

Kopiervorlage 3b | Differenzierte Spielfiguren als Zeichenvorlage

Aufgabe: Sieh dir die Spielfiguren auf dieser Vorlage an. Sie erhalten erst durch Umrisslinien ihr Volumen. Zeichne die Figuren nach. Beginne mit den leichten Figuren und taste dich dann langsam zu den schwierigeren vor.

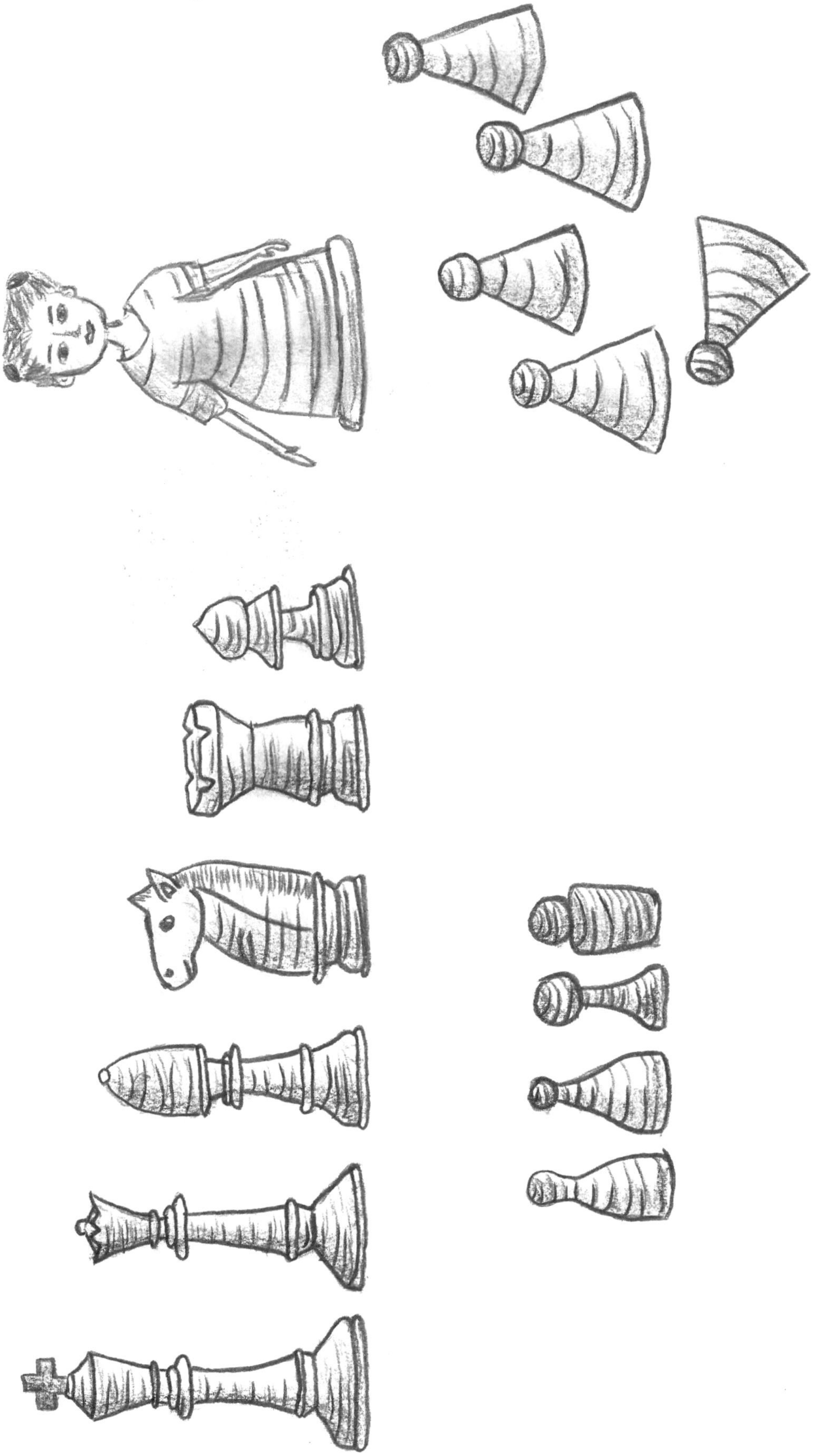

Kopiervorlage 3c | Riesenwelle

Aufgabe: Zeichne auf ein Blatt Papier eine Riesenwelle. Verwende dabei Umrisslinien.

1. Möglichkeit: Du kannst dabei diese Schritt-für-Schritt-Anleitung nutzen.

Schritt 1: Beginne im rechten unteren Feld deines Blattes und zeichne den Umriss der Welle wie im Beispiel, sodass die Welle am rechten Blattrand „offen“ bleibt.
Schritt 2: Zeichne nun an das vordere Wellenende die Schaumkrone hinzu.
Schritt 3: Erzeuge Bewegung und Form in der Welle durch das Einzeichnen von Umrisslinien. Achtung: Die Schaumkorne bleibt leer.
Schritt 4: Jetzt geht es an den Hintergrund: Mit einer waagrechten Linie kennzeichnest du das Ende des Meeres. Dahinter folgt der Strand und die Berge ragen in den Himmel hinauf.
Schritt 5: Ein weiteres Mal brauchst du Umrisslinien. Diesmal gestalten sie das Meerwasser und treffen quer auf die Umrisslinien deiner Welle.
Schritt 6: Gestalte jetzt mit verschiedenen Techniken aus. Wie stellst du den Sand, die Berge und den Himmel dar? Fliegen Vögel im Himmel? Gibt es Wolken?

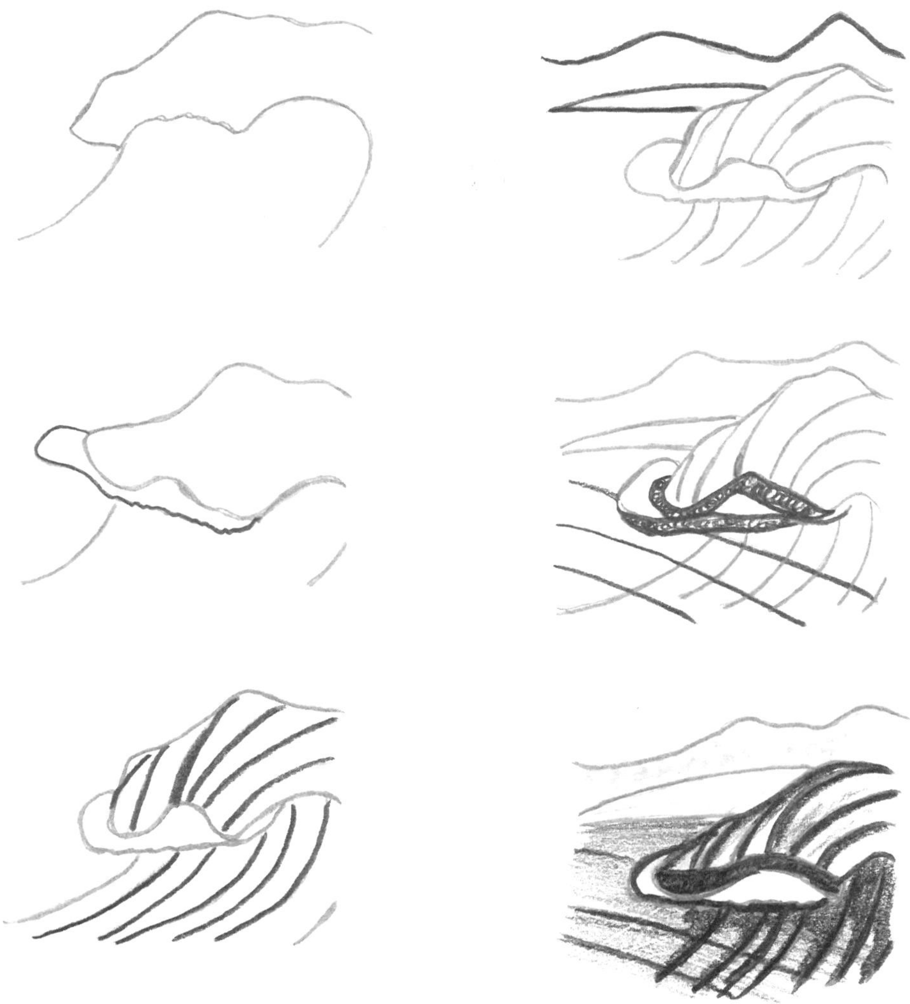

2. Möglichkeit: Du kannst auch ein Bild von einer Riesenwelle suchen, das dir besonders gut gefällt (z. B. im Internet). Drucke das Bild aus, eventuell vergrößert.
Halte den Druck unter einem weißen Blatt an das Fenster und pause die Konturen ab. Fülle dann mit Umrisslinien und Basistechniken aus.

Kopiervorlage 3d | Kraftvoll schattieren

Aufgabe 1: Sieh dir das Video zum Thema „Schattieren" an.
Wie gestaltet die zeichnende Person die Gefäße aus?
Warum kann das Auge das verbesserte Ergebnis besser wahrnehmen?
Mache dir Notizen dazu. Sprecht gemeinsam über eure Eindrücke.

Aufgabe 2: Probiere die neuen Ideen nun selbst aus und schattiere diese Flasche.
Tipp: Halte dein Bild immer mal wieder mit ausgestreckter Hand vor dich oder stehe auf und betrachte deine Zeichnung mit Abstand. Dann siehst du, wie unterschiedlich die Licht- und Schatteneffekte aus der Nähe und aus der Ferne aussehen. Vieles wirkt nah richtig „krass", aber von fern sehr gut.

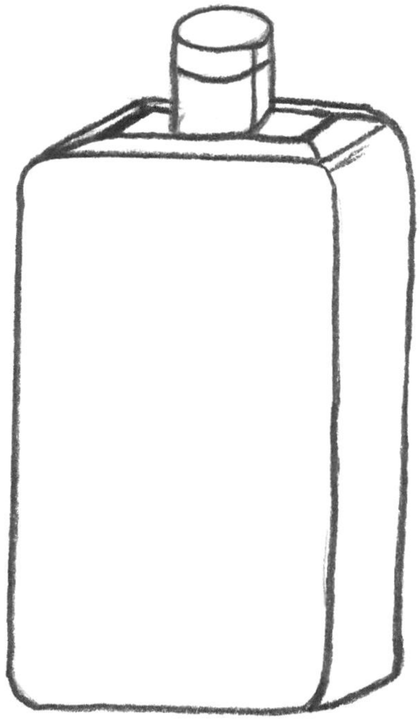

Kopiervorlage 3e | Durchsichtigkeit erzeugen

Durchsichtigkeit kannst du durch das geschickte Anordnen von Licht- und Schatteneffekten erzeugen. Dazu gibt es zwei Regeln:
1. Regel: Die verschiedenen Bereiche müssen sich voneinander abheben.
(Das Wasser ist bei diesem Beispiel gräulich und das Glas ist durch einen dunklen Schattenzug vom Glasanfang bis zum Glasboden repräsentiert.)
2. Regel: Das Licht muss in dem durchsichtigen Gegenstand reflektiert werden.
(In diesem Bild ist ein Teil des Wassers komplett weiß gelassen.)

Aufgabe 1: Ordne die Regeln richtig zu und notiere sie in dem jeweiligen Kasten.

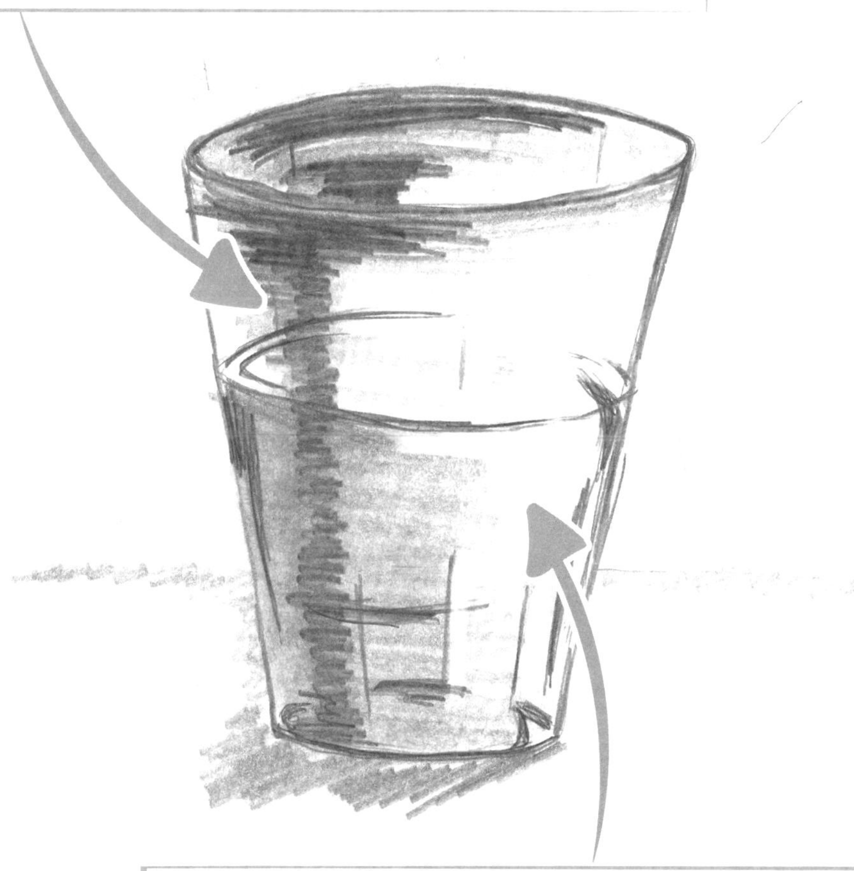

Aufgabe 2: Zeichne nun selbst ein Glas mit Wasser. Erinnere dich daran, wie man Gefäße symmetrisch konstruieren kann.

Kopiervorlage 3f | Oberflächenstrukturen

Wenn du etwas zeichnen möchtest, betrachte genau die Oberfläche. Welche Erscheinungsform hat sie: glatt, rau, haarig oder kachelig?
Die passenden Zeichnungen der Oberflächenstrukturen bestimmen den Charakter eines Zeichenobjekts und sorgen für stimmige Details.

Aufgabe: Sieh dir die Beispiele für Oberflächenstrukturen an.
Wo kommen diese Oberflächen vor? Finde für einige Oberflächen passende Beispiele aus der echten Welt und notiere sie.

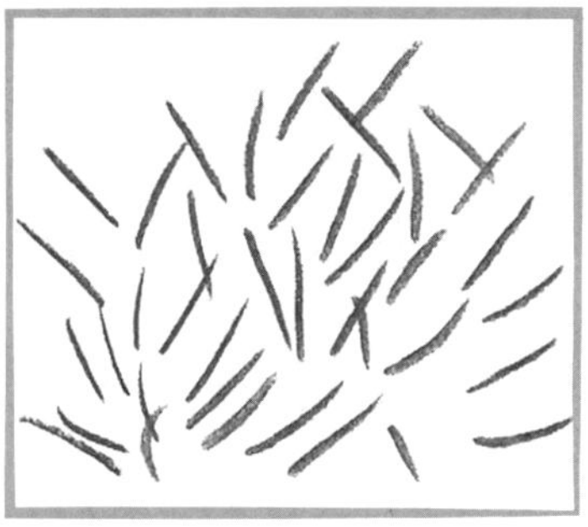
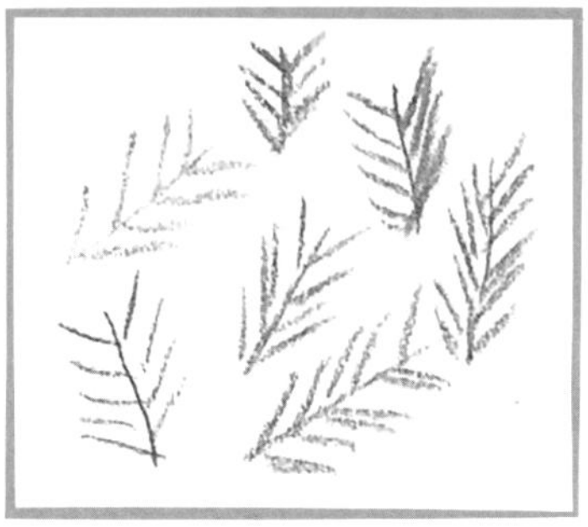
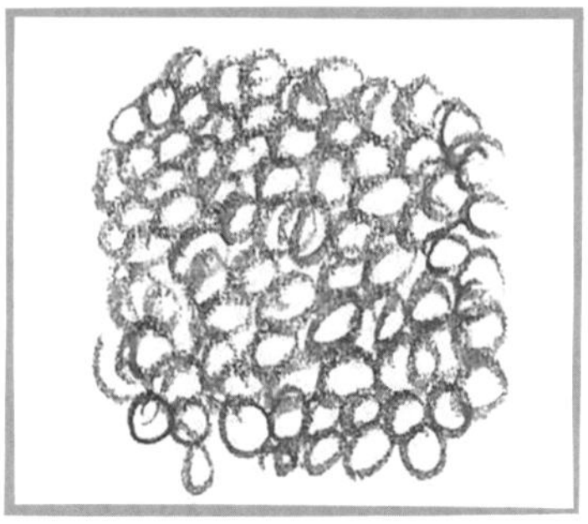

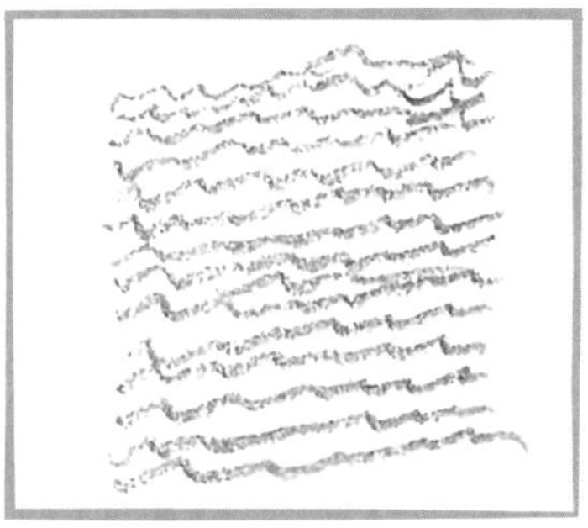
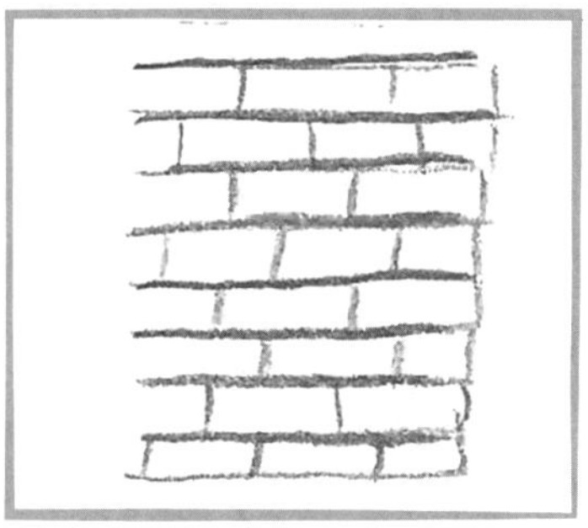
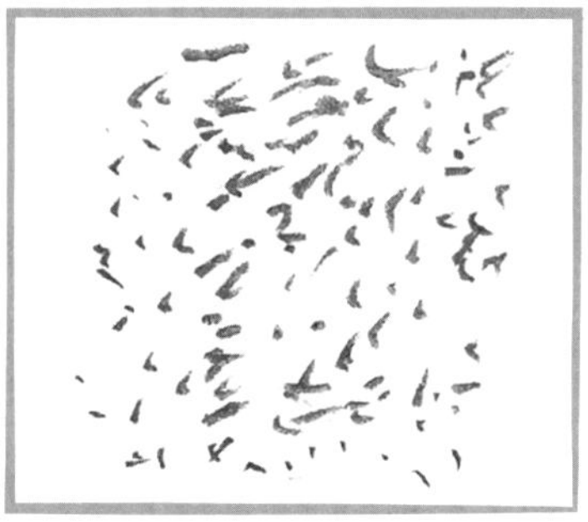

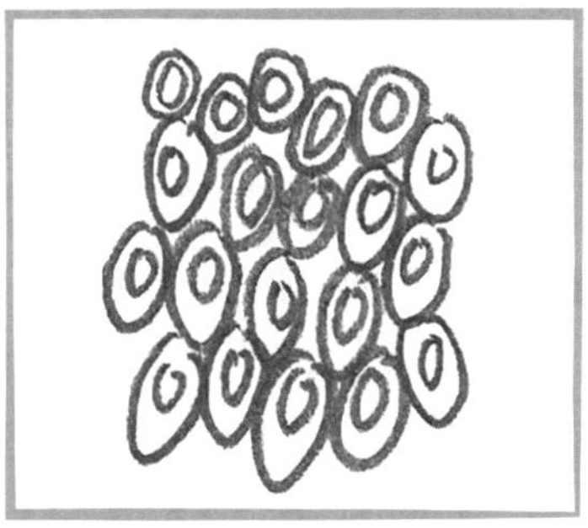
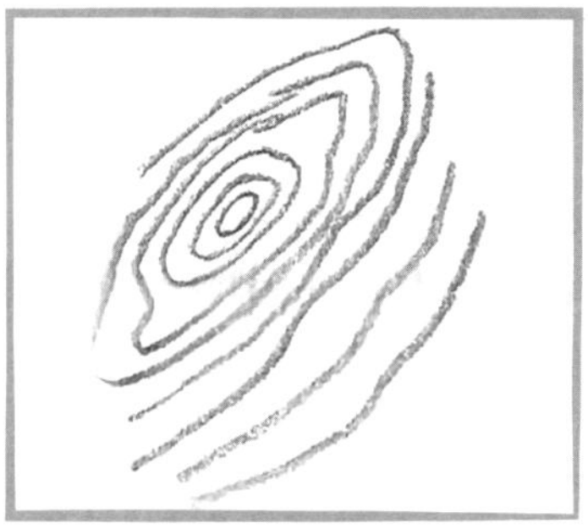
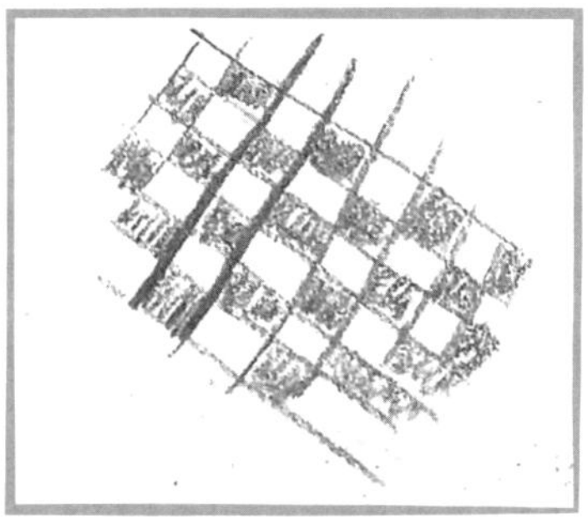

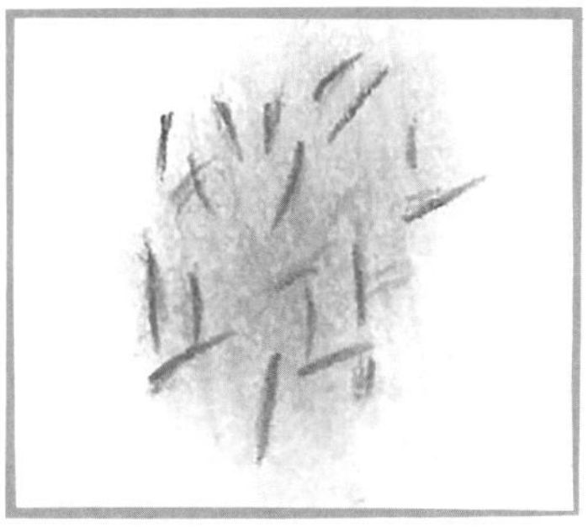
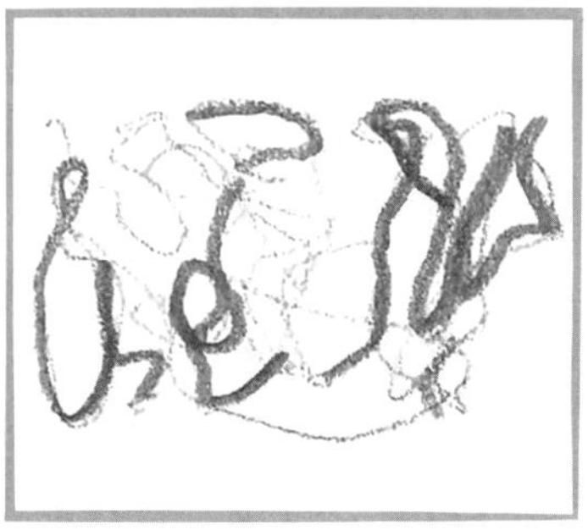
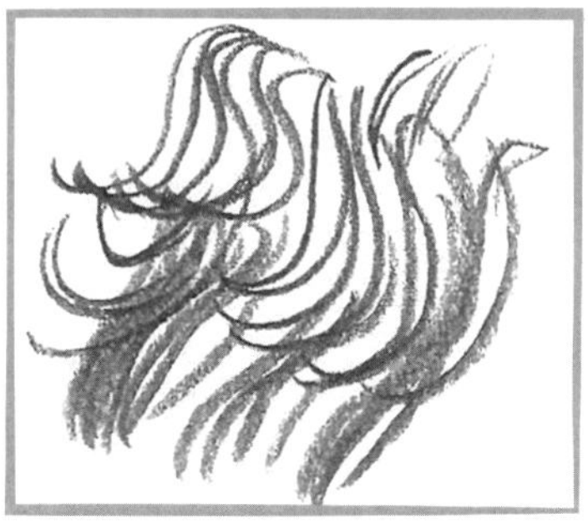

978-3-589-16711-1 | Karin Rulka, Null Bock auf Kunst?! | Hintergrund (Kopfzeile und Seitenzahl): Shutterstock.com/Jamesbin; Illustration: Karin Rulka

Kopiervorlage 3g | Drachenauge

Aufgabe: Gestalte das Drachenauge mit passenden Oberflächenstrukturen aus.
Sammelt in der Klasse gemeinsam Beispiele, wie man die schuppige Haut darstellen könnte.
Dabei helfen Bilder von Krokodilen, Chamäleons oder Echsen.

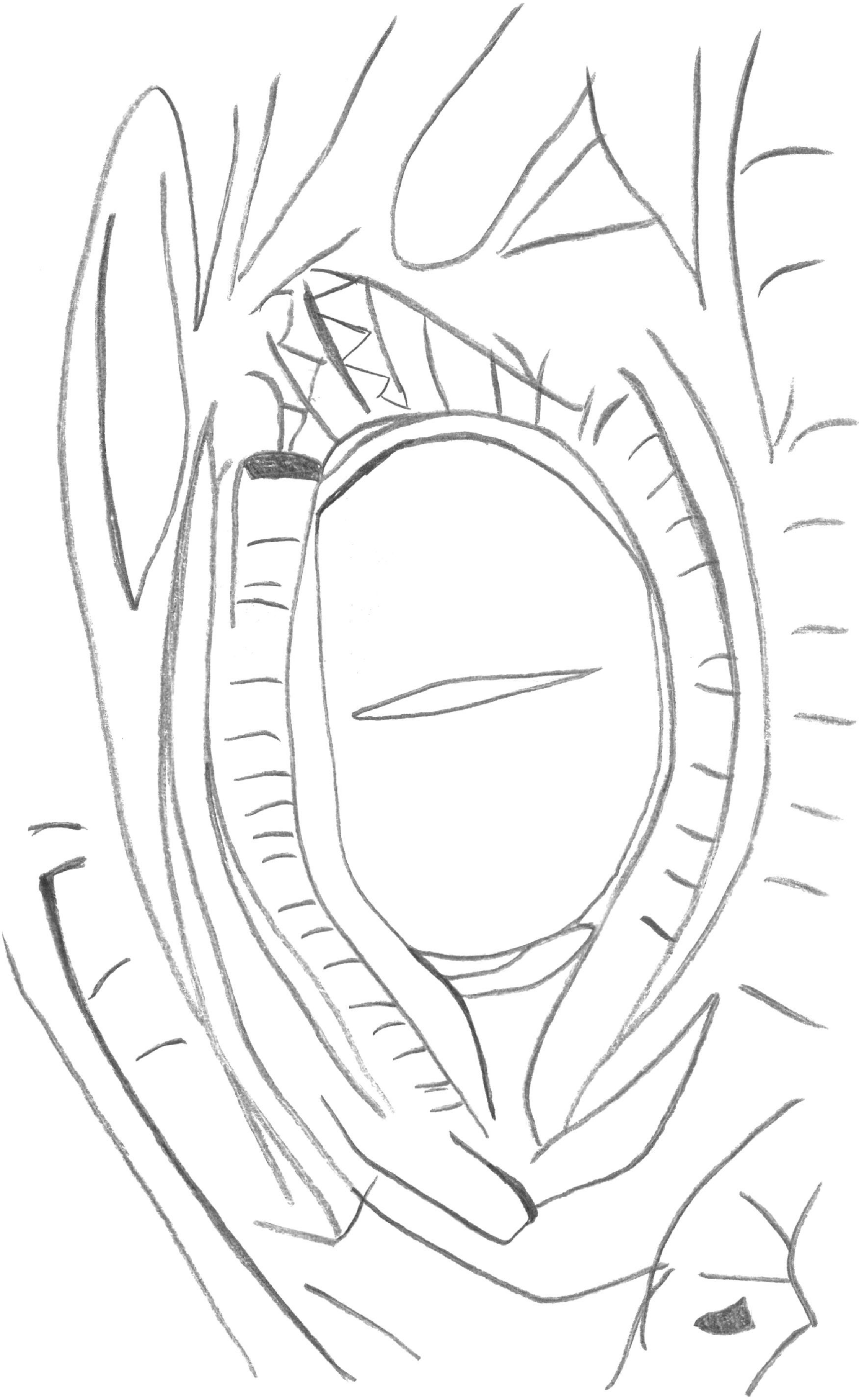

978-3-589-16711-1 | Karin Rulka, Null Bock auf Kunst?! | Hintergrund (Kopfzeile und Seitenzahl): Shutterstock.com/Jamesbin; Illustration: Karin Rulka

Kopiervorlage 3h | Überschneidungen

Gegenstände überschneiden sich optisch, sobald sie vor- oder hintereinander stehen. Dann sieht man von dem hinteren Objekt weniger als von dem vorderen. Diese Technik brauchst du, sobald du mehrere Gegenstände auf einem Blatt darstellen willst. Dabei sind Darstellungen im Vordergrund dunkler, schärfer und detailreicher als im Hintergrund. Je weiter weg etwas ist, desto kleiner, verschwommener und heller musst du es zeichnen.

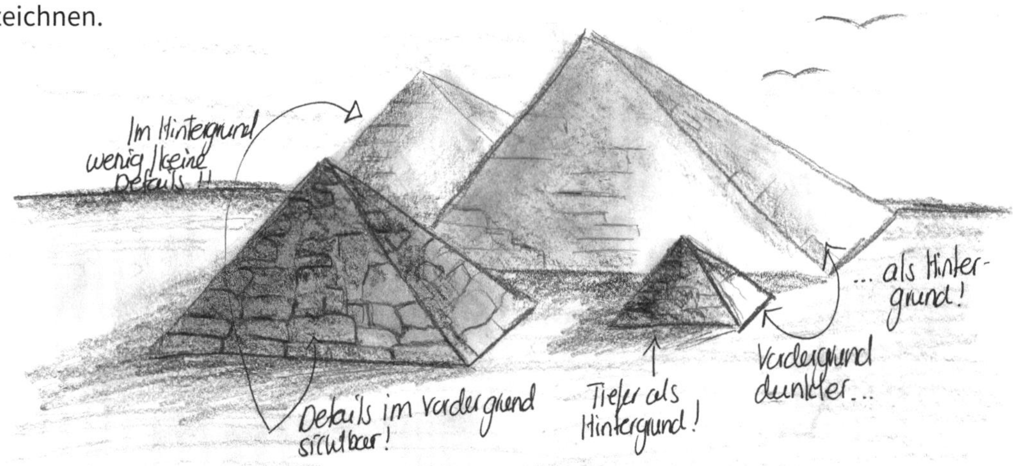

Aufgabe 1: Gestalte mit einem schwarzen Filzstift die beiden Kreise so, dass deutlich wird, dass der linke Kreis im Vordergrund ist!

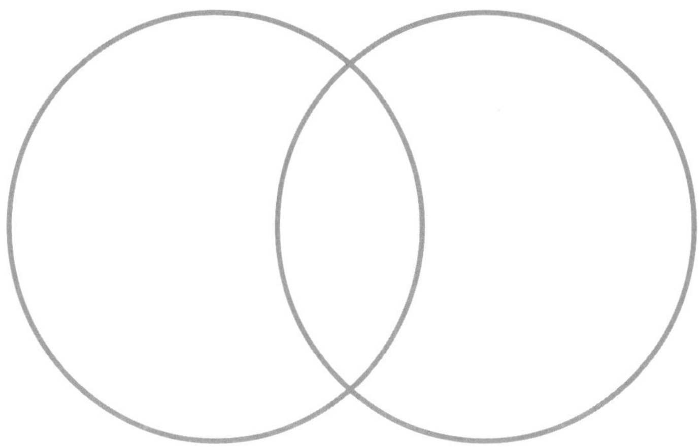

Aufgabe 2: Wie kannst du deutlich machen, dass die Gläser hintereinander stehen? Denke daran, dass die Gläser im Vordergrund die Gläser im Hintergrund „verdecken“. Zeichne mit einem farbigen Filzstift zuerst die sichtbaren Linien der Gläser ein. Male dann die sichtbaren Teile der Gläser farbig aus.

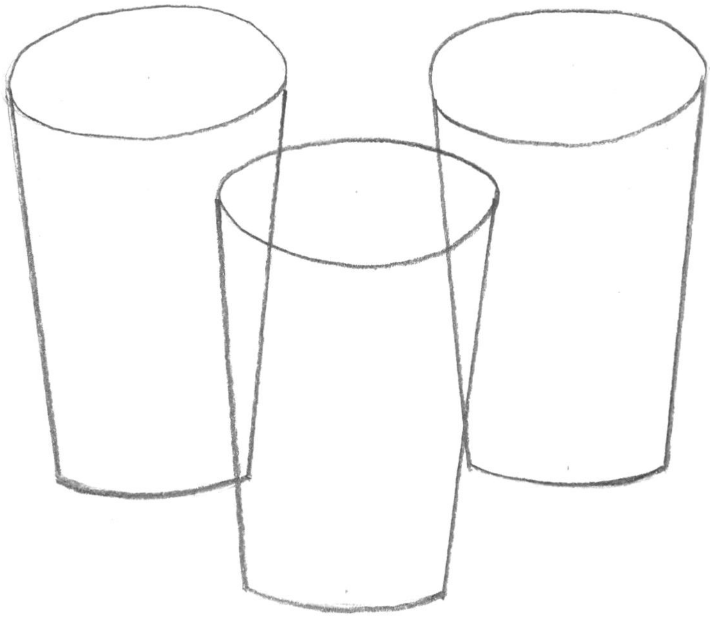

Kopiervorlage 3i | Pyramiden legen

Aufgabe 1: Schneide die Pyramiden aus. Lege die Pyramiden dann so zu einem Bild zusammen, dass sich die Pyramiden überschneiden. Beachte dabei diese drei Regeln:

1. Was im Vordergrund ist, liegt im Bild tiefer, ist dunkler und detailreicher.
2. Was im Bildhintergrund ist, liegt im Bild höher, ist heller und verschwommener.
3. Die Hinterkante einer Pyramide darf nicht in einer anderen Pyramide liegen, denn dann „fliegt“ diese optisch!

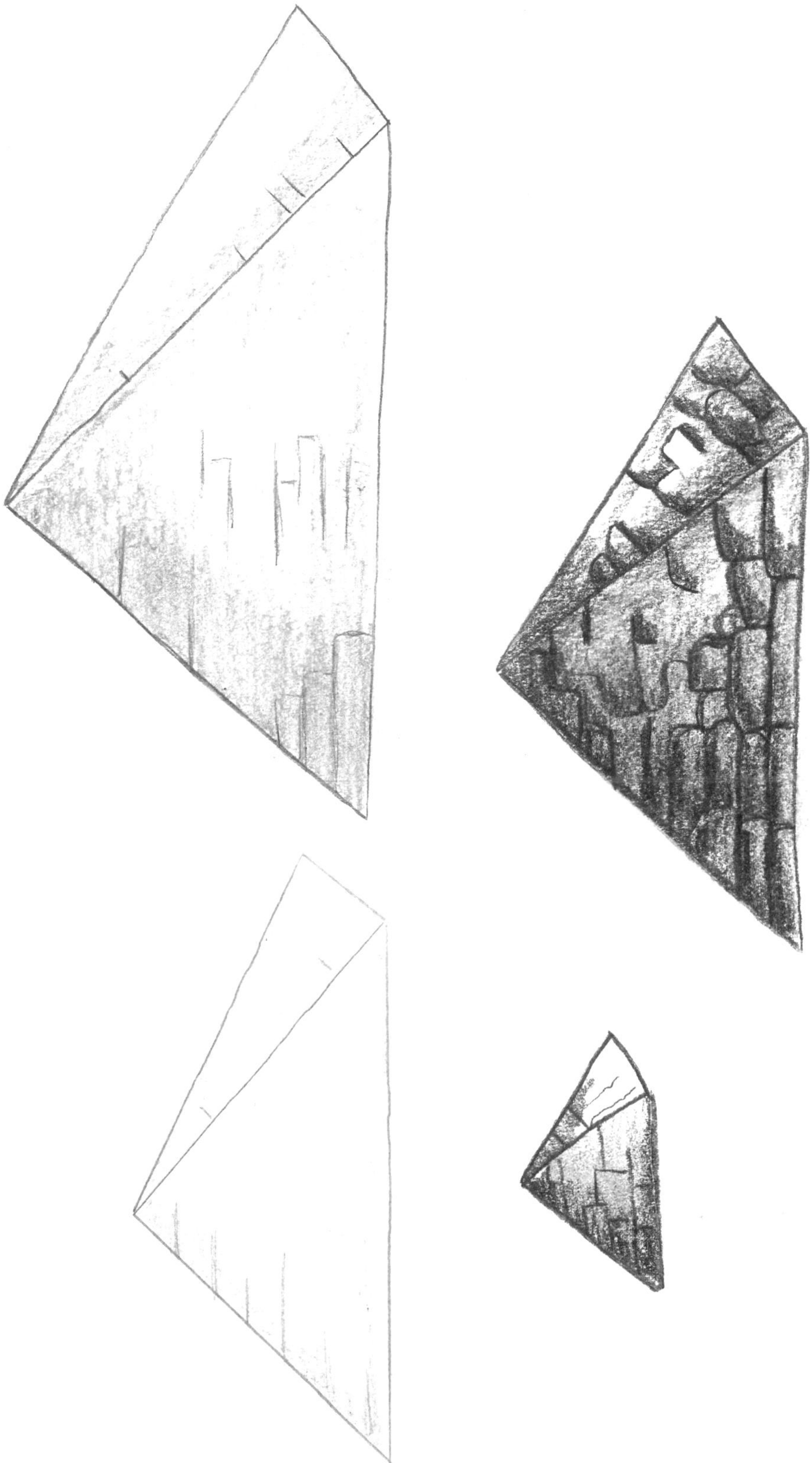

Aufgabe 2: Zeichne die gelegten Pyramiden ab und gestalte aus.

Kopiervorlage 3j | Gefäße anordnen und zeichnen

Aufgabe: Füge dem Bild weitere Gefäße hinzu! Daran kannst du üben, wie Gefäße im Vorder- und Hintergrund einzuzeichnen sind.

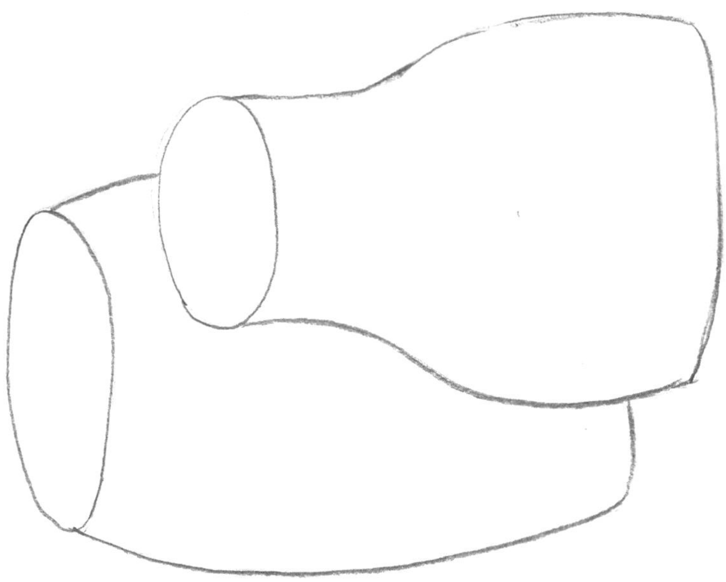

Fachwissenschaftlicher Hintergrund

Unsere dreidimensionale Welt auf einem zweidimensionalen Blatt repräsentieren zu wollen, ist eine echte Herausforderung. Über eine lange Zeit in der Geschichte konnten Menschen die Perspektive nicht korrekt wiedergeben. Erst spät wurden die dazugehörigen Regeln entdeckt. Wir verwenden heute zeichnerische Tricks, die sich an den physischen Seheigenschaften unserer Augen orientieren. Im Auge wird das Licht auf einen Punkt hin zugeführt, weswegen die Objekte je nach Entfernung verschieden groß und verschieden scharf wirken. Was weiter weg liegt, sehen wir kleiner, blasser und verschwommener. Möchte man perspektivisch zeichnen, muss man sich mit den zugehörigen Fachbegriffen und der Linienführung auskennen:

- *Die Horizontlinie* beschreibt die waagrechte Grenzlinie in einem Bild, die entweder zur Konstruktion der perspektivischen Zeichnung als leichte Bleistiftlinie eingezeichnet wird oder als permanente und deutlich sichtbare Linie den Boden optisch vom Himmel trennt.
- *Der Fluchtpunkt* befindet sich auf der Horizontlinie. Haben wir nur einen Fluchtpunkt, sprechen wir von *Ein-Punkt-Perspektive* oder auch *Zentralperspektive*. Diese Anordnung kommt der Wahrnehmung durch das menschliche Auge am nächsten, da die Zeichnung aus dem frontalen Blickwinkel des Betrachters angelegt wird. Haben wir zwei Punkte an verschiedenen Orten auf der Horizontlinie, sprechen wir von *Zwei-Punkt-Perspektive*, wodurch es zeichnerisch möglich wird, einen schrägen Blickwinkel auf die gezeichneten Objekte einzunehmen. Weitere Perspektiven werden in diesem Kapitel nicht behandelt.
- *Die Fluchtlinien* sind die Linien, die vom Fluchtpunkt aus weggehen und der Zeichnung den perspektivischen Charakter verleihen.

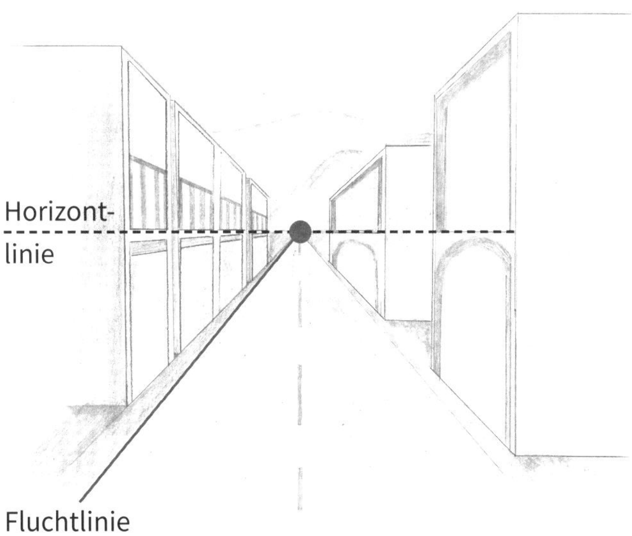

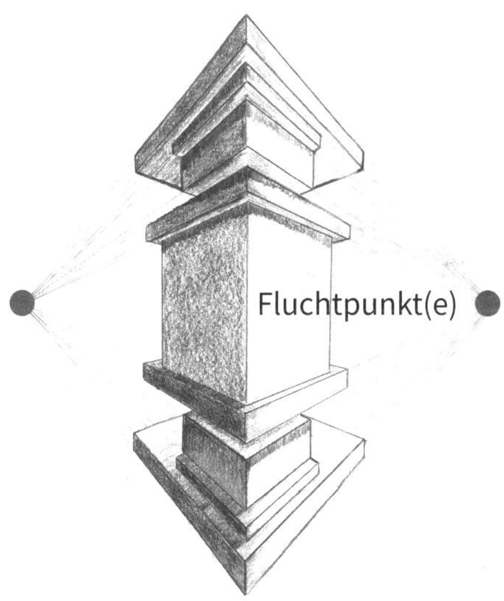

Didaktische Anregungen

Nähern Sie sich dem Thema mit Hilfe der Kopiervorlage über die bahnbrechende Bedeutung der Perspektive in der Kunst (**KV 4a**) und nutzen Sie das Video „Treppen in 3D" zu diesem Thema, das Sie über den **Webcode** empfangen. In diesem Video können Sie den zeichnerischen Prozess zur Konstruktion einer Treppe in 3D beobachten. Dabei werden die wichtigsten Fachbegriffe eingeblendet.

FACHWORTSCHATZ

Parallele, Perspektive, Horizontlinie, Fluchtpunkt, Fluchtlinie, Zentralperspektive, Zwei-Punkt-Perspektive

Zeichenvideo „Treppen in 3D"
cornelsen.de/webcodes
Code: fejame

Zu dem Video bieten sich die folgenden Gesprächsimpulse und Beobachtungsaufträge an:

- Wie geht die Zeichnerin vor?
- Welche Zeichenmaterialien verwendet sie?
- Welche Bedeutung haben Genauigkeit und Ordentlichkeit?

Nutzen Sie das Video insbesondere als Mit-Mach-Tutorial für Einzelarbeit auf den eigenen mobilen Endgeräten der Jugendlichen, sodass jeder in seiner individuellen Arbeitsgeschwindigkeit die einzelnen Schritte nachvollziehen kann. Im Internet finden Sie weitere Videos zum Thema, die Sie ebenfalls einsetzen können.

Bevor Sie sich dem perspektivischen Zeichnen nähern, sollte die Arbeit mit dem Geodreieck grundlegend besprochen worden sein und Begriffe wie „Parallelität" sitzen. Erste Versuche machten Ihre Schüler*innen bereits beim Zeichnen von Rechtecken und Quadern in Kapitel 3 „Aus Grundformen entstehen Bilder" (siehe dazu die **KV 2f** „Vom Viereck zum Quader", S. 34).

Erarbeiten Sie dann die Ein-Punkt-Perspektive, indem Sie vom Foto zum eigenen Bild voranschreiten. Während in **KV 4b** nur die Begriffe geklärt und im Bild eingezeichnet werden, zeichnen die Schüler*innen in **KV 4c** bereits kleine Teilbereiche selbst ein. Durch den Bezug zwischen Foto und Zeichnung können Schüler*innen eigentätig erkennen, dass man die Übertragung von 3D auf 2D aus Fotografien ableiten kann. Im Grunde genommen lernen Ihre Schüler*innen auch hier erneut, die Welt durch die Augen professioneller Zeichner*innen wahrzunehmen. Über die folgenden Kopiervorlagen (**KV 4d** bis **KV 4f**) werden die Schüler*innen kleinschrittig an ihr erstes perspektivisches Bild herangeführt. Probieren Sie die Kopiervorlagen selbst aus, um auf ggf. auftretende Fragen vorbereitet zu sein.

Auch bei der Erarbeitung der Zwei-Punkt-Perspektive (**KV 4g** bis **KV 4k**) können Sie einfach schrittweise gemeinsam die kleinschrittigen Kopiervorlagen durchgehen.

TIPPS

- Planen Sie zur Bearbeitung der Aufgaben genügend Zeit ein und greifen Sie unbedingt auf die Schritt-für-Schritt-Anleitungen zurück.
- Freiere Aufgaben können die Schüler*innen erledigen, sobald sie mehr Sicherheit haben.
- Falls jemand im Umgang mit dem Geodreieck noch ungeübt ist, bieten sich erstmal vereinfachte Übungen an.

Da dieses Thema für die Schüler*innen oft sehr herausfordernd ist, ist dieses Kapitel besonders von Schritt-für-Schritt-Anleitungen getragen. Anhand des Videos (s. o.) können Ihre Schüler*innen einen ersten Eindruck des zeichnerischen Handelns durch Beobachtung gewinnen. Sehen Sie sich das Video mit der Klasse gemeinsam am Anfang der Sequenz an.

Für sehr schwache Schüler*innen kann es auch eine Option sein, Teile der Kopiervorlagen zum Zeichnen von Straßen und modernen Gebäuden an einem Fenster auf ein neues Papier abzupausen. Anschließend könnten sie das Bild mit kleinen Details erweitern oder nur ausgestalten. Im Fall einer Benotung können Sie diese Hilfestellung berücksichtigen. Wichtig ist, dass jede*r Schüler*in überhaupt ein Ergebnis vorliegen hat.

KOMPETENZCHECK

Die Schülerinnen und Schüler …

- ✓ … haben kunsthistorisches Wissen über Bedeutung und Herausforderung des perspektivischen Zeichnens.
- ✓ … unterhalten sich mit Hilfe von Fachbegriffen über das perspektivische Zeichnen.
- ✓ … erzeugen durch das perspektivische Zeichnen mit der Ein-Punkt-Perspektive und mit der Zwei-Punkte-Perspektive den Eindruck von Räumlichkeit.
- ✓ … verwenden Hilfsmittel und achten vermehrt auf die Ordentlichkeit ihrer Zeichnungen.

Kopiervorlage 4a | Die Erfindung der Perspektive

Aufgabe 1: Versuche, einen Würfel zu zeichnen, wenn du nur in die Länge und in die Höhe zeichnen darfst. Funktioniert es?

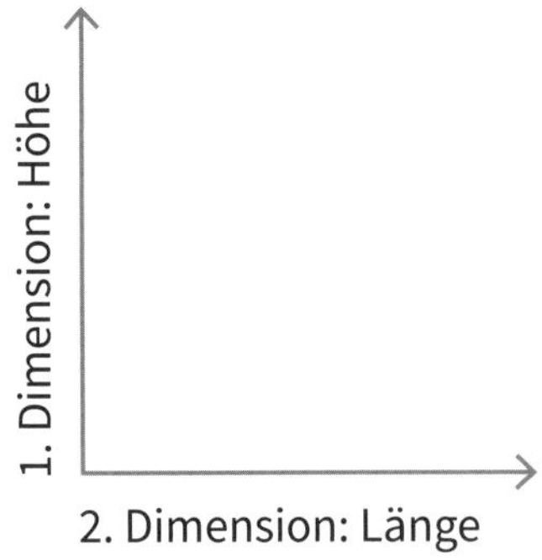

Früher konnten Zeichner ihre Umgebung auf ihrer Zeichenunterlage nur mit zwei Dimensionen darstellen. Sie hatten noch keine Lösung dafür gefunden, die dritte Dimension der echten Welt auf einer zweidimensionalen Unterlage aufzuzeigen.

Die ersten Versuche dazu finden sich schon in Höhlenbildern von vor etwa 30 000 Jahren. Technisch weiterentwickelte Verfahren zeigten die Griechen in der Antike und die Römer versuchten, perspektivische Wandbilder in ihren Villen zu erzeugen. Sie verwendeten aber andere Konstruktionsverfahren, als wir es heute tun. Im Mittelalter geriet dieses Wissen in Vergessenheit und man malte und zeichnete flächenhaft. Während der Renaissance wurden alte künstlerische Sehnsüchte wiedererweckt: Man wollte endlich die Wirklichkeit malerisch abbilden können. So kam es, dass ein mathematisch begründetes Konstruktionsverfahren erfunden wurde. Erste Versuche stammen von Filippo Brunelleschi (1377–1446). Er gilt in der Kunstwissenschaft als „der" Erfinder der Perspektive. Die erste malerische Umsetzung leistete Masaccio (1401–1428) mit dem „Trinitätsfresko". Albrecht Dürer (1471–1528) entwickelte dann die Theorie hinter der Perspektive und endlich konnte die Perspektive von Italien aus die Welt erobern!

Aufgabe 2: Versuche nun erneut, mit Hilfe der dritten Dimension (Tiefe) deinen Würfel zu zeichnen. Funktioniert es?

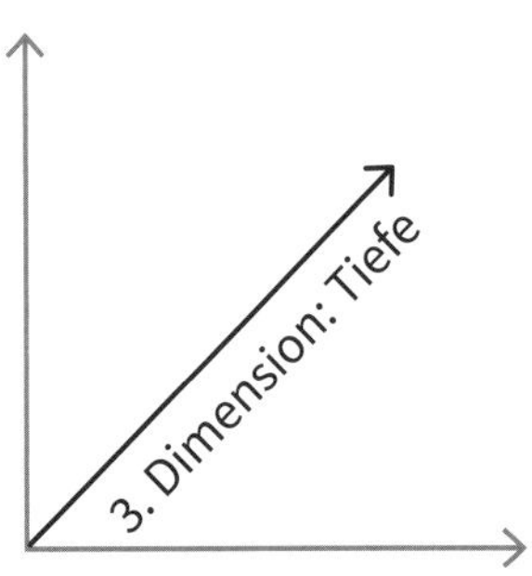

Aufgabe 3: Besprich mit einem Partner oder einer Partnerin diese Fragen:

- Was wird in den drei Dimensionen dargestellt?
- Wer gilt als Begründer der perspektivischen Zeichnung?
- Wie würdest du die Perspektive mit deinen eigenen Worten Mitschüler*innen erklären?
- Fasse zusammen, wie sich die perspektivische Zeichnung entwickelte.

Kopiervorlage 4b | Ein-Punkt-Perspektive

Aufgabe 1: Perspektive sehen lernen

Sieh dir dieses Beispiel genau an. Kannst du die Fluchtlinien erkennen, die vom Fluchtpunkt aus weglaufen? Lies dir die Definitionen der drei Fachbegriffe durch und ordne sie dem Bild zu.

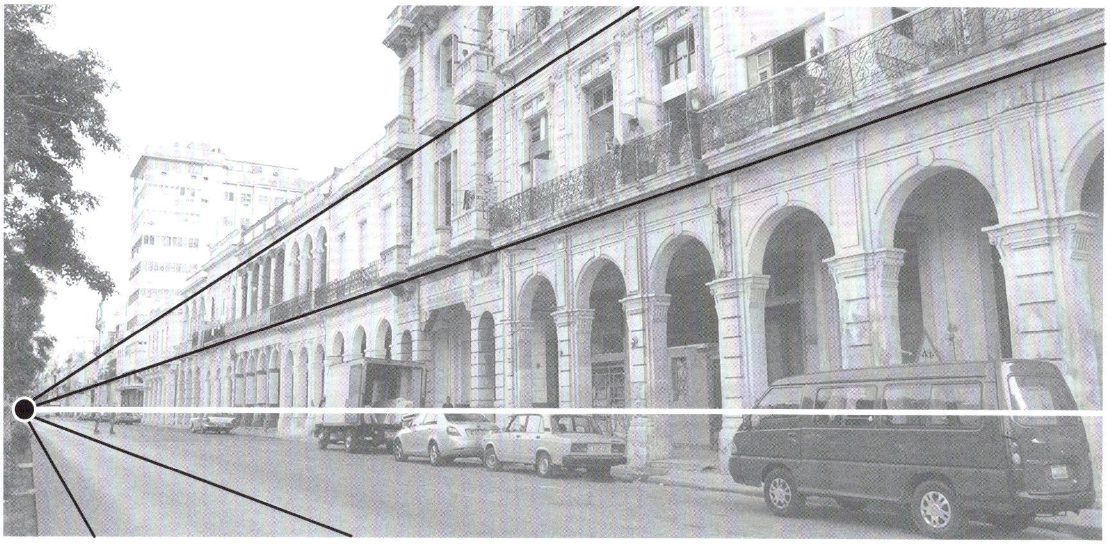

Fachsprache:

- *Die Horizontlinie* beschreibt die waagrechte Grenzlinie in einem Bild, die entweder zur Konstruktion der perspektivischen Zeichnung als leichte Bleistiftlinie eingezeichnet wird oder als permanente und deutlich sichtbare Linie den Boden optisch vom Himmel trennt.
- *Der Fluchtpunkt* befindet sich auf der Horizontlinie. Haben wir nur einen Fluchtpunkt, sprechen wir von Ein-Punkt-Perspektive oder auch Zentralperspektive. Diese Anordnung kommt der Wahrnehmung durch das menschliche Auge am nächsten, da die Zeichnung aus dem frontalen Blickwinkel des Betrachters angelegt werden. Haben wir zwei Punkte an verschiedenen Orten auf der Horizontlinie, sprechen wir von Zwei-Punkt-Perspektive, wodurch es zeichnerisch möglich wird, einen schrägen Blickwinkel auf die gezeichneten Objekte einzunehmen.
- *Die Fluchtlinien* sind die Linien, die vom Fluchtpunkt aus weggehen und der Zeichnung den perspektivischen Charakter verleihen.

Aufgabe 2: Fluchtlinien und Fluchtpunkte einzeichnen

Zeichne in das Bild den Fluchtpunkt und mit Lineal die Horizontlinie und die Fluchtlinien am Steg ein. Verwende unterschiedliche Farben.

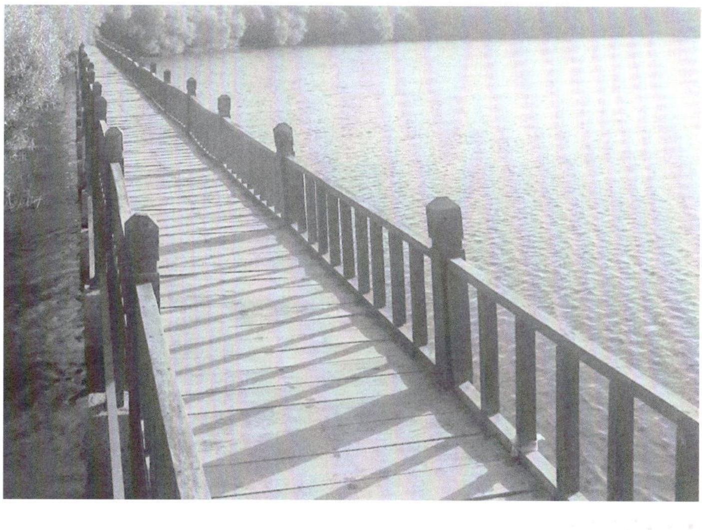

Kopiervorlage 4c | Einzeichnen der Perspektive

Aufgabe 1: Zeichne in das Original den Fluchtpunkt und mit Lineal die Horizontlinie und die Fluchtlinien ein. Verwende unterschiedliche Farben.

Aufgabe 2: Zeichne die fehlenden Teile in das Bild ein. Vergleiche mit dem Original!

Original:

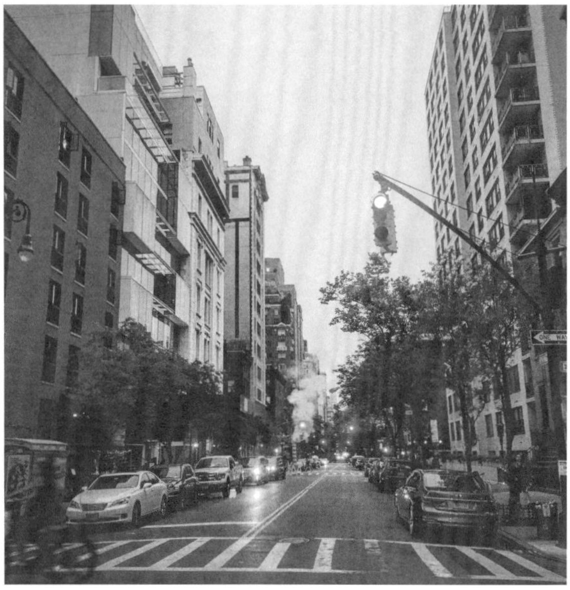

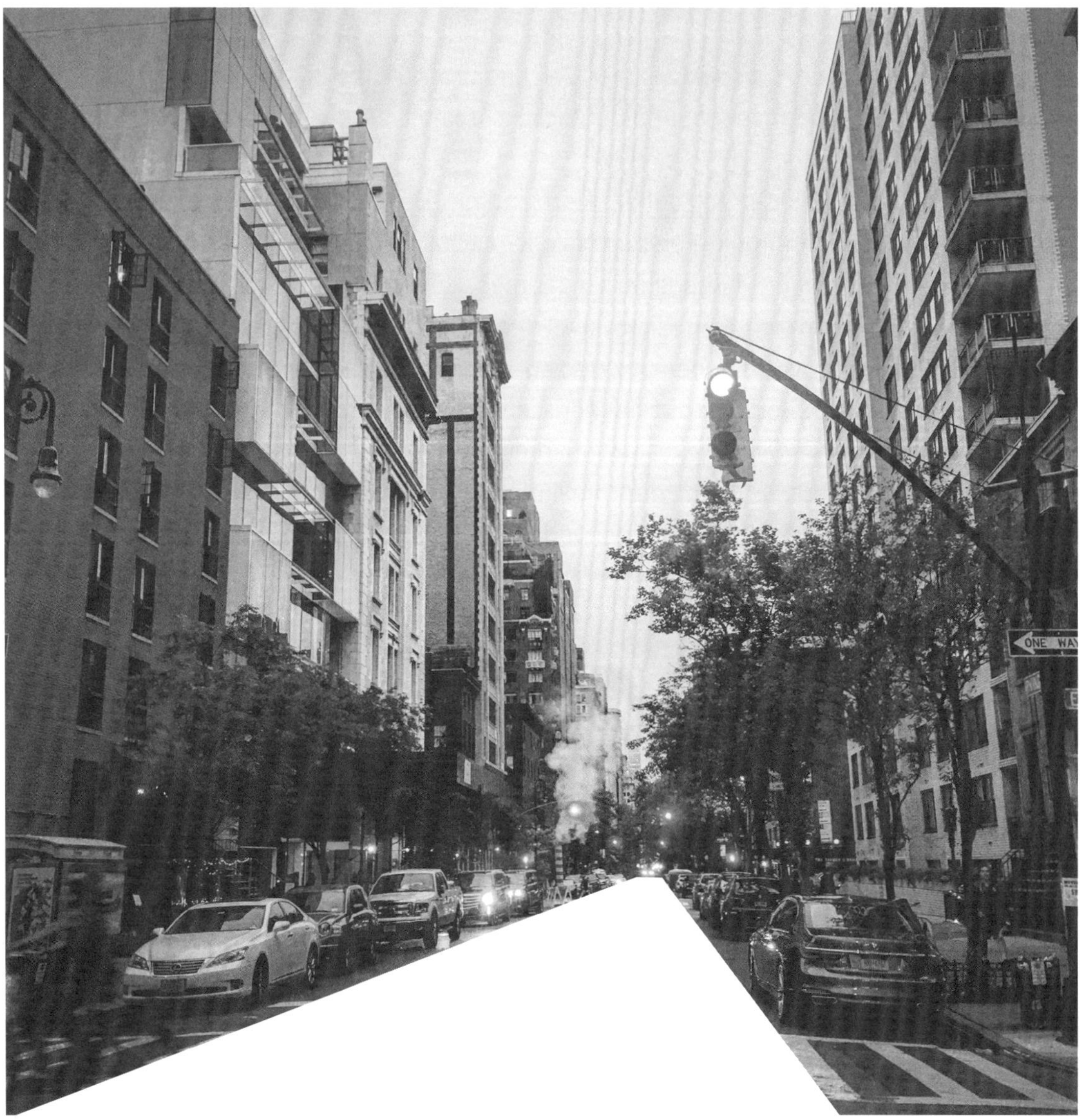

Kopiervorlage 4d | Ein-Punkt-Perspektive zeichnen lernen (1)

Aufgabe 1: Einen perspektivischen Quader zeichnen

Zeichne die Anleitung auf einem eigenen Blatt nach.

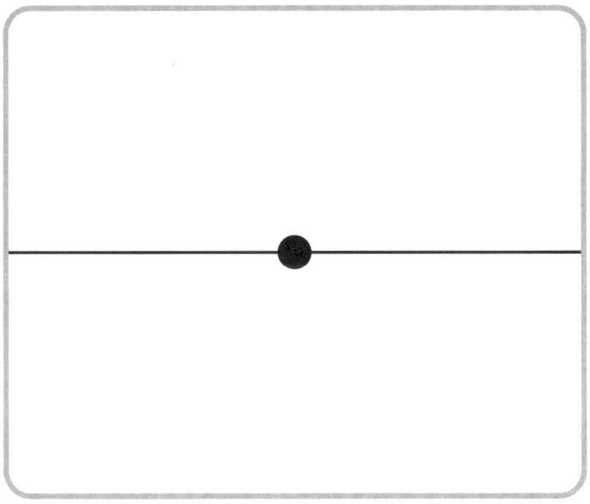

1. *Zeichne den Fluchtpunkt in die Bildmitte. Zeichne die Horizontlinie durch den Fluchtpunkt.*

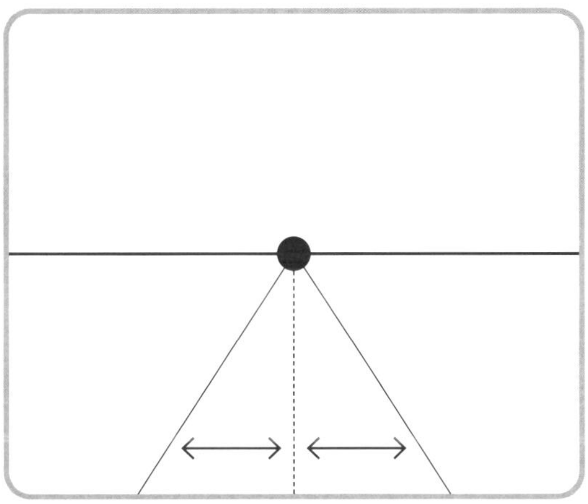

2. *Zeichne im gleichen Abstand zur Hilfslinie zwei Fluchtlinien.*

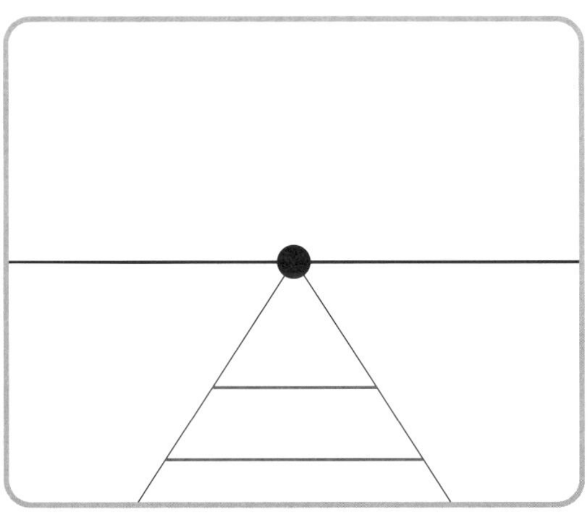

3. *Zeichne nun zwei parallele Grundlinien für den Quader ein.*

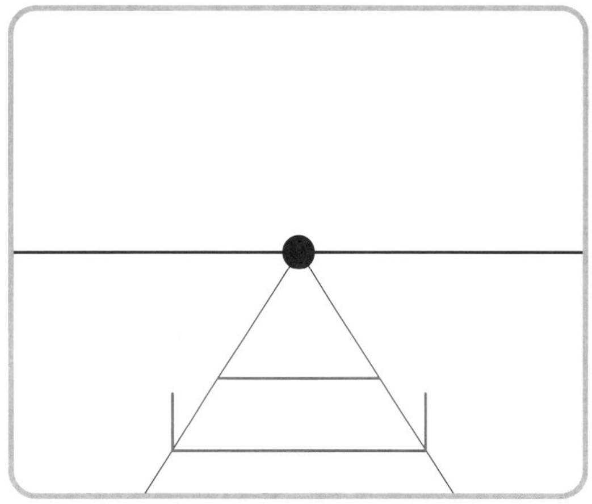

4. *Zeichne von der vorderen Grundlinie gleichlange Seitenlinien hoch.*

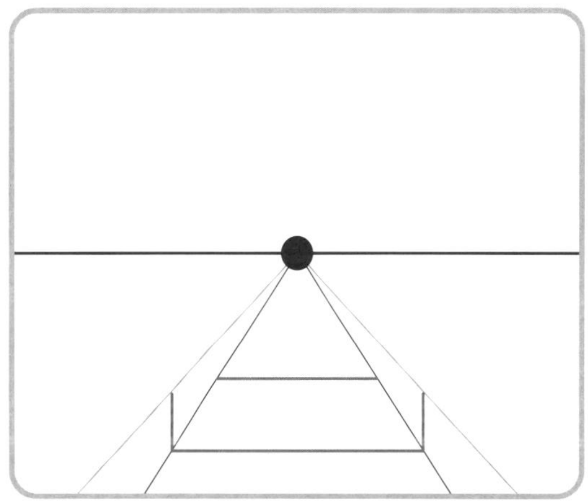

5. *Zeichne vom Fluchtpunkt aus über die Kanten zwei weitere Fluchtlinien.*

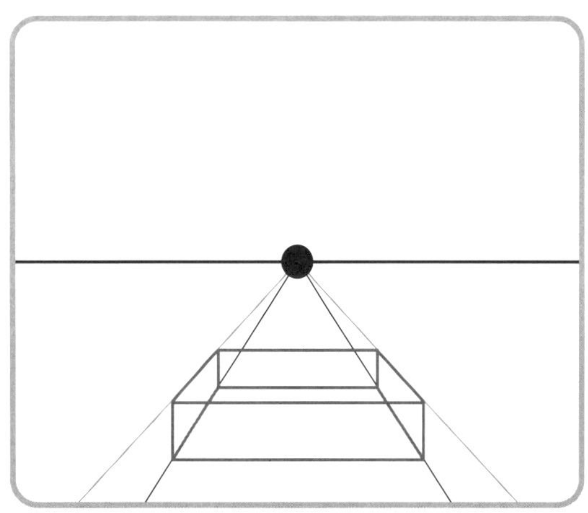

6. *Zeichne zuerst hinten die senkrechten Seitenlinien und dann vervollständige den Quader. Fahre die Linien deutlich nach.*

Kopiervorlage 4d | Ein-Punkt-Perspektive zeichnen lernen (2)

Aufgabe 2: Füge deinem Bild einen zweiten Quader hinzu.

Siehe Anleitung Aufgabe 1.

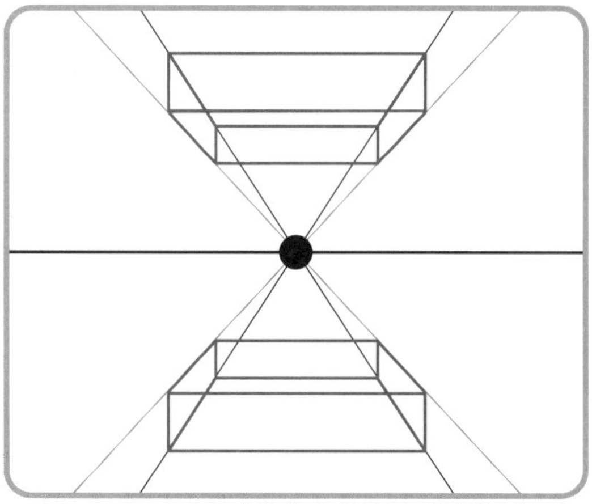

Aufgabe 3: Vergleiche dein Ergebnis mit der Abbildung unten:

- Was ist ähnlich – was ist anders?
- An welchen Stellen und warum?

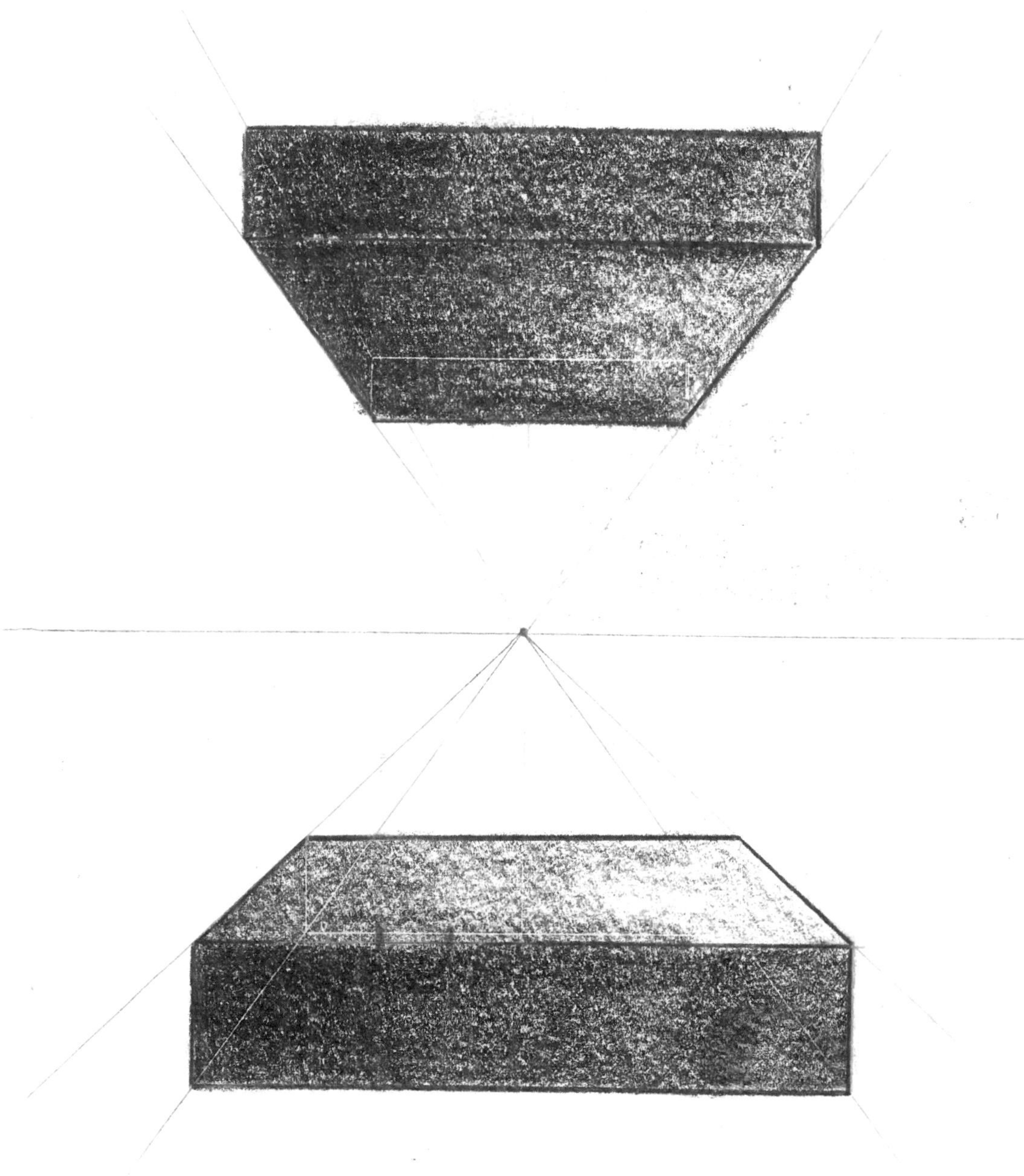

Kopiervorlage 4e | Zeichenvorlage Straße

Aufgabe: Zeichne in verschiedenen Farben in das Bild den Fluchtpunkt, die Horizontlinie und die Fluchtlinien ein. Versuche über das Einzeichnen, jede Linie nachzuvollziehen und den Aufbau dieses Bildes zu verstehen. Verwende ein Lineal!

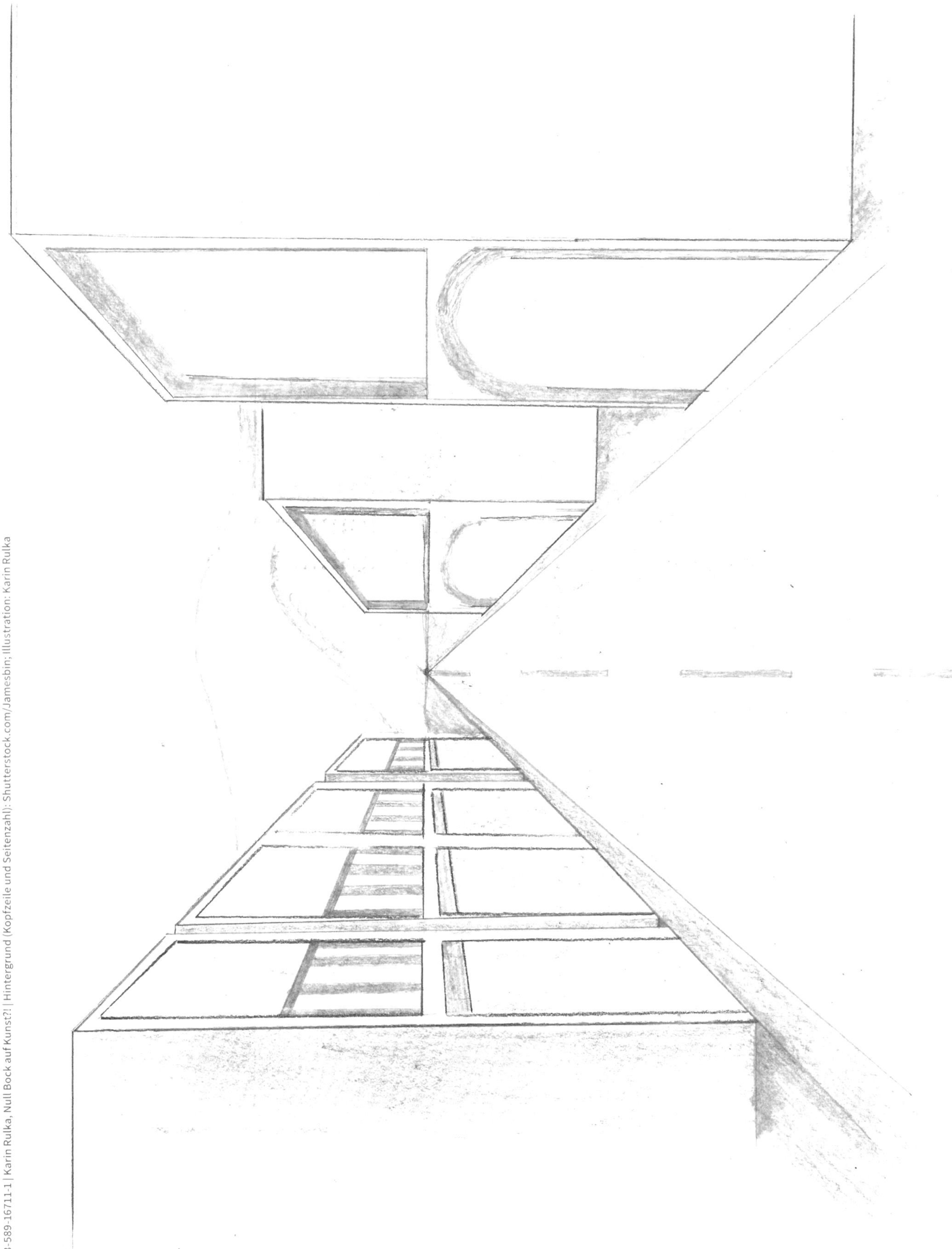

Kopiervorlage 4f | Straßen zeichnen – Schritt für Schritt

Aufgabe: Nutze diese Schritt-für-Schritt-Anleitung für deine eigene Straßenzeichnung.

Für Schnelle: Schreibe für jeden Zeichenschritt aus der Anleitung einen kleinen Erklärtext. Was genau muss man hier machen und hast du noch kleine Zusatztipps im Kopf?

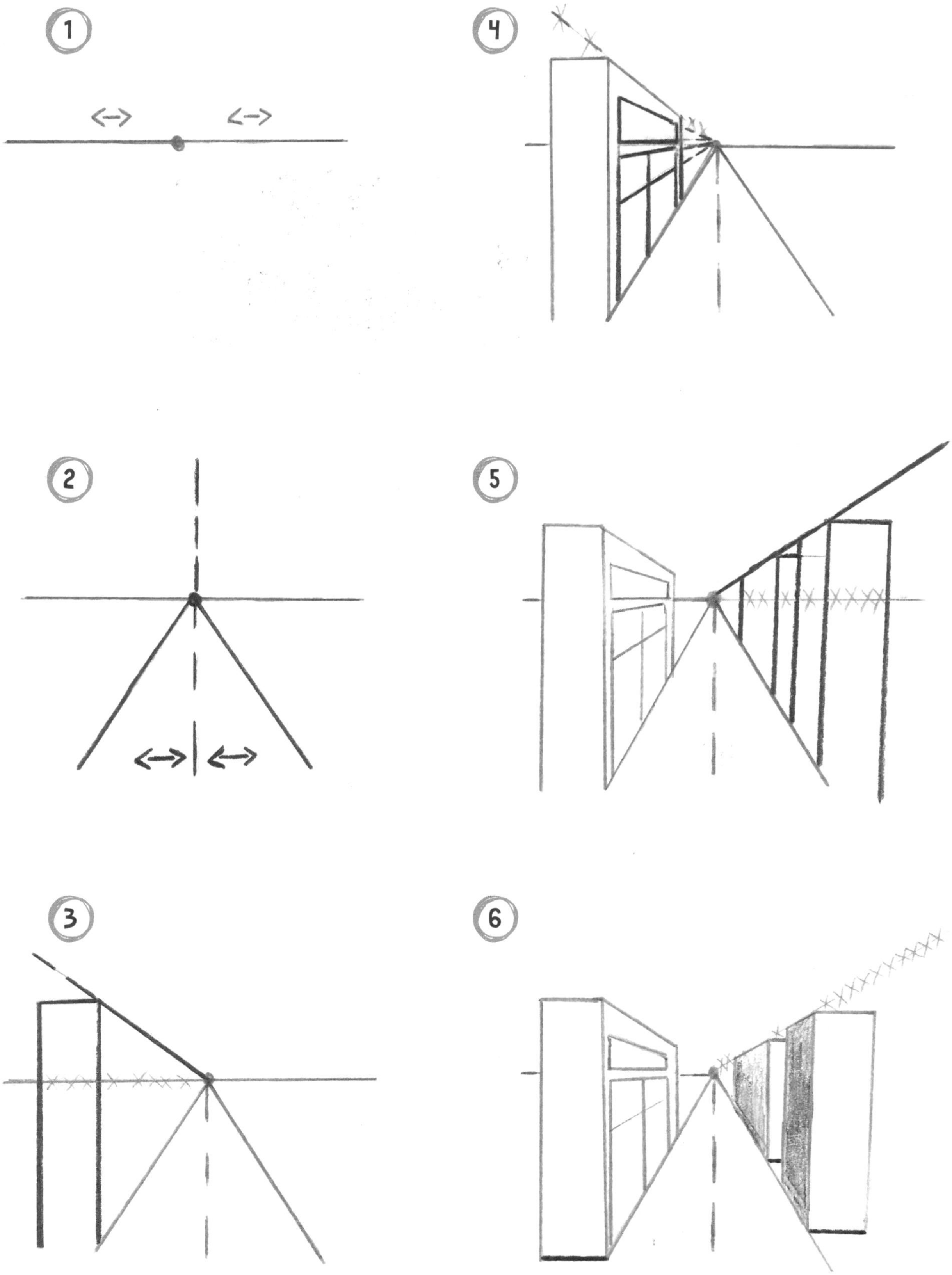

Kopiervorlage 4g | Zwei-Punkt-Perspektive

Aufgabe 1: Sieh dir das Beispielbild an. Kannst du die Linien benennen? Warum gibt es hier zwei Punkte?

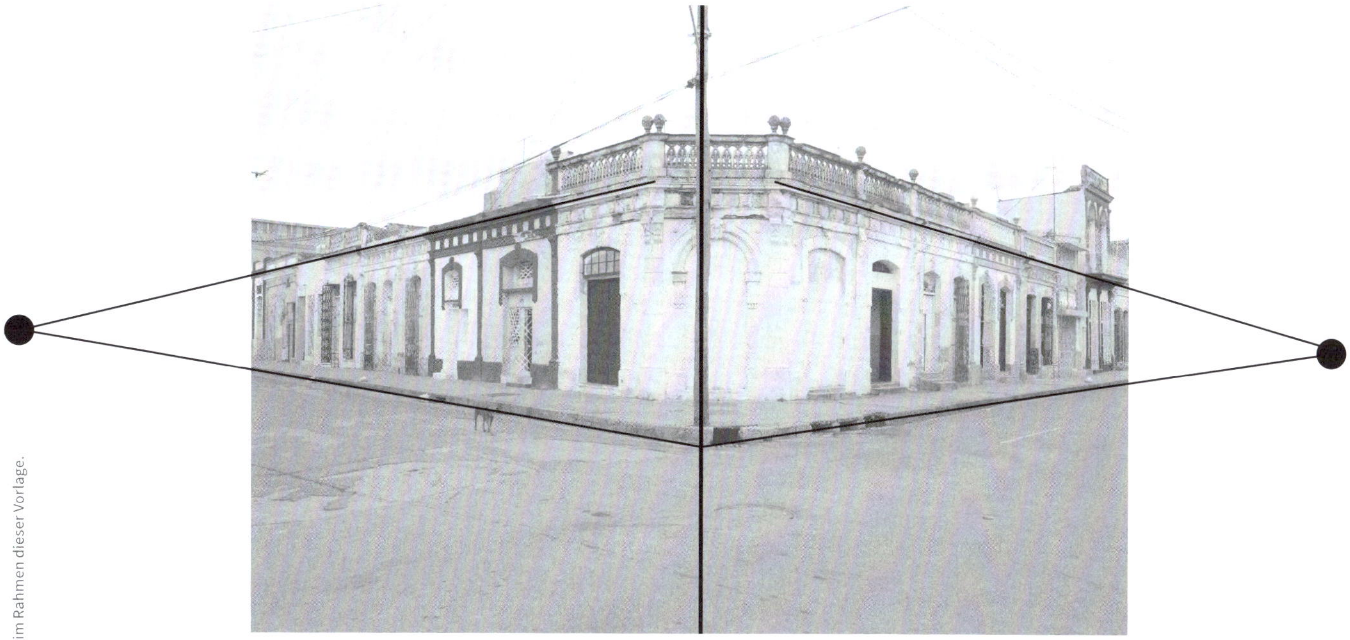

Aufgabe 2: Zeichne dann in dieses Übungsbild beide Punkte und die Linien wie oben mit einem dicken Filzstift ein.

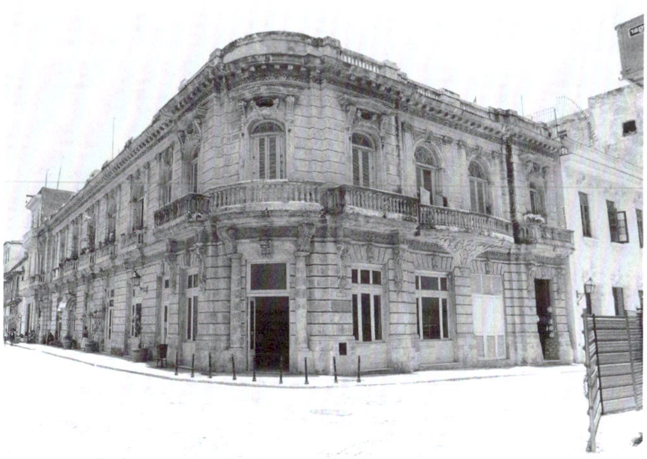

Aufgabe 3: Benenne die Linien und Punkte mit den richtigen Fachbegriffen!

____

____

____

____

Kopiervorlage 4h | Fluchtpunkte verbinden

Aufgabe 1: Sieh dir zuerst allein das Bild an und mache dir Notizen: Was kannst du sehen? Verwende Fachsprache. Was hat das Bild mit Perspektive zu tun? Spricht dich das Bild an?

Aufgabe 2: Besprich deine Antworten nun mit einem Partner oder einer Partnerin. Achte auf Fachsprache und sachliche Begründungen.

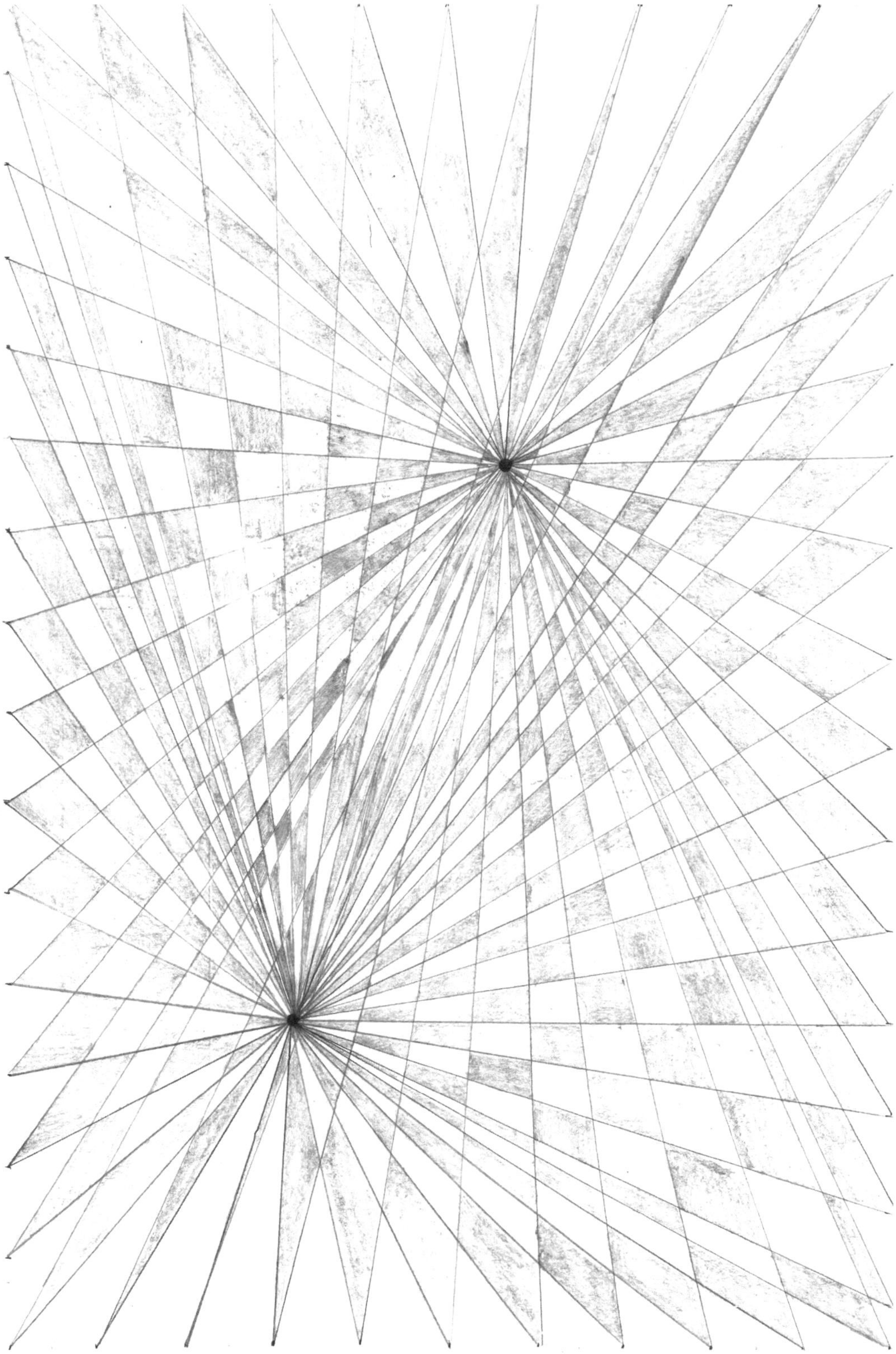

Aufgabe 3: Lege nun dein eigenes Fluchtpunktbild an. Dazu brauchst du ein weißes Papier. Entscheide selbst, ob du am Papierrand rundum Markierungen in Abständen von 1 cm oder 2 cm einzeichnest. Setze die Fluchtpunkte an zwei Stellen deiner Wahl. Verbinde die Punkte jeweils mit allen Linien und male jede zweite Raute aus!

Kopiervorlage 4i | Quaderturm

Aufgabe 1: Zeichne alle Fluchtlinien vom jeweiligen Fluchtpunkt bis zur senkrechten Mitte mit einem farbigen, spitzen Stift (Fineliner) nach. Achte auch auf Linien, mit denen du nicht rechnest … siehe Beispiel!

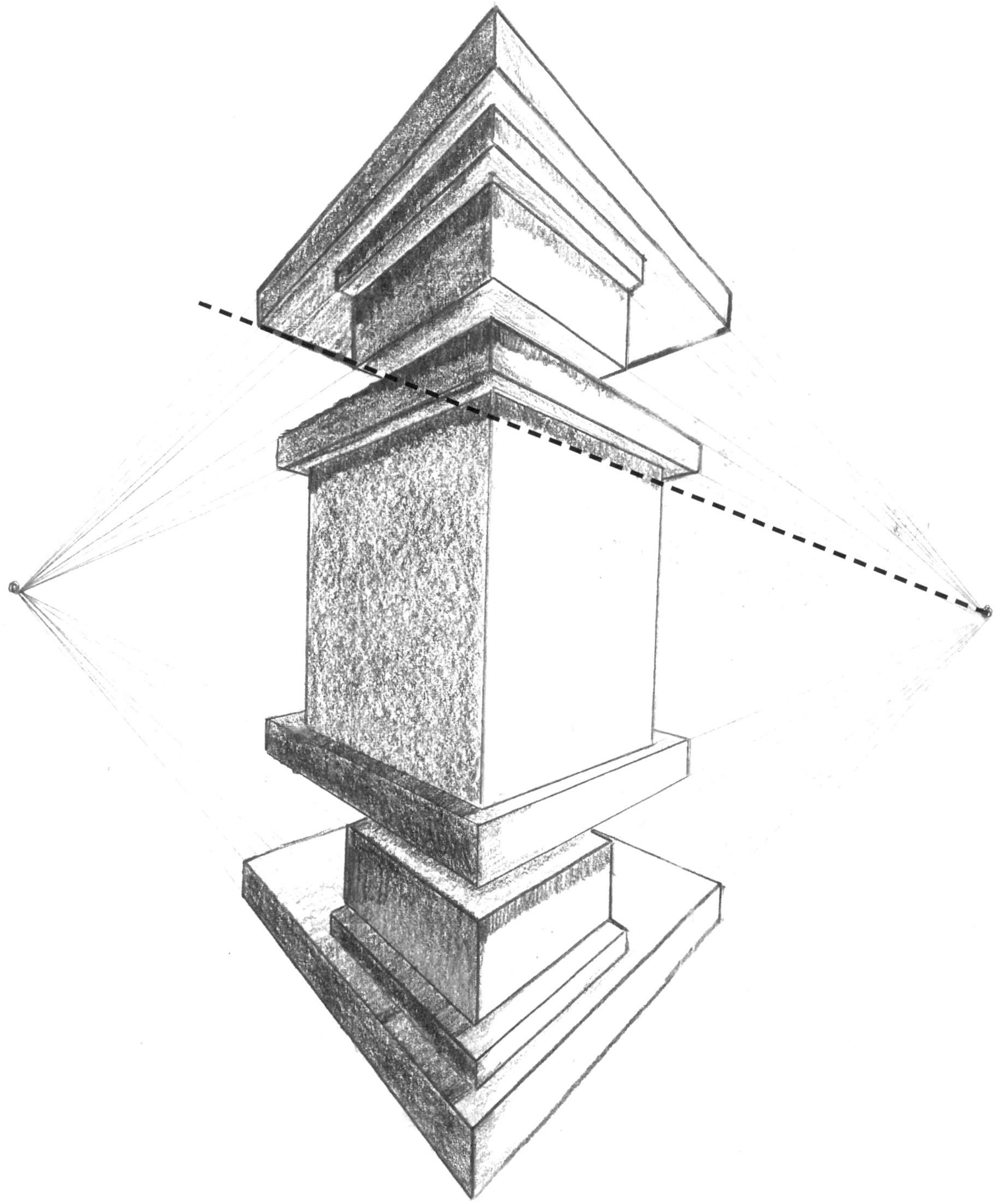

Kopiervorlage 4j | Quaderturm – Schritt für Schritt

Aufgabe: Zeichne deinen eigenen Quaderturm mit Hilfe der folgenden Schritt-für-Schritt-Anleitung. Du kannst am Ende viele weitere „Stockwerke“ oben oder unten dazu zeichnen, wenn du möchtest. Beginne deinen Turm am besten in der Mitte eines Blattes, damit du ausreichend Platz hast.

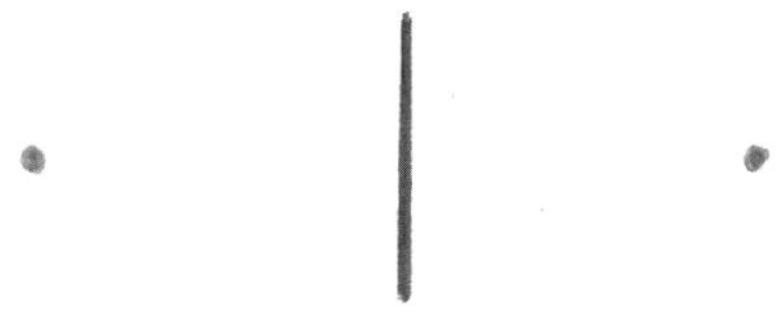

Schritt 1: Zeichne in der Mitte deines Blattes eine Linie in der Länge deiner Wahl ein (Tipp: nicht zu lang!). Lege dein Geodreieck mittig an und zeichne im gleichen Abstand rechts und links deine Fluchtpunkte ein.

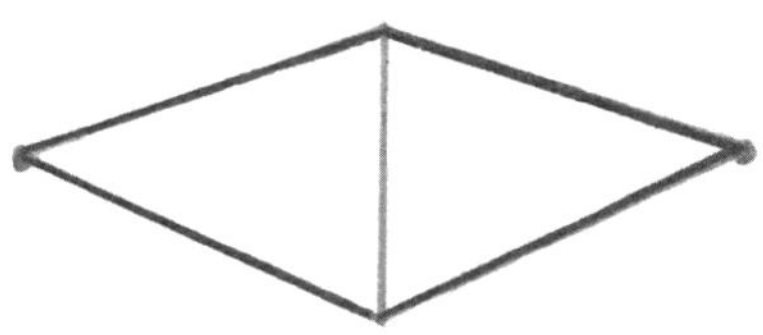

Schritt 2: Verbinde die Fluchtpunkte jeweils mit der Ober- und Unterkante deiner Mittenlinie.

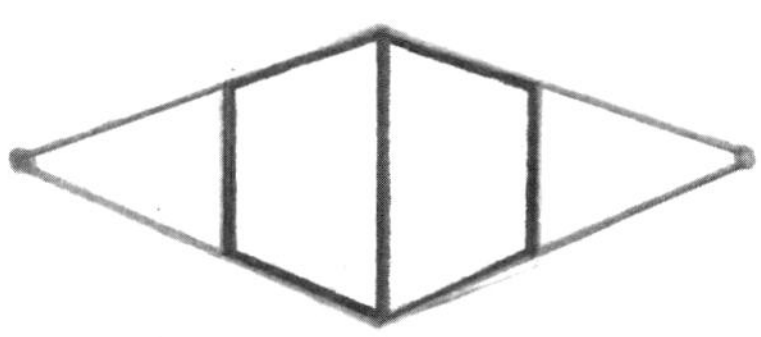

Schritt 3: Ziehe im gleichen Abstand zur Mittenlinie rechts und links eine parallele Linie.

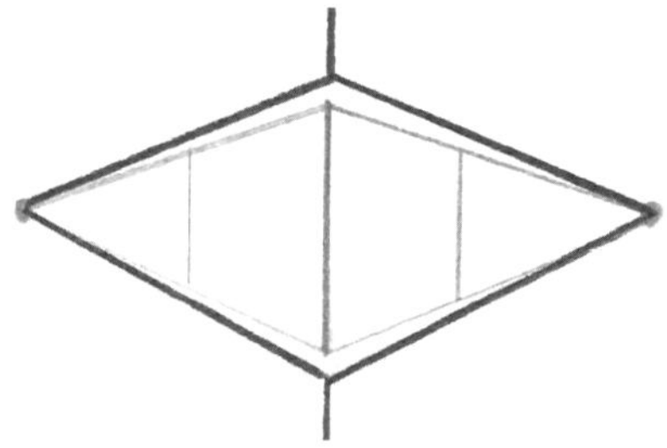

Schritt 4: Lege dein Geodreieck mit der Kante erneut an die Mittenlinie an. Nach einer kleinen Lücke ziehst du die Mittenlinie in einer Länge deiner Wahl nach oben und unten in der gleichen Länge weiter.

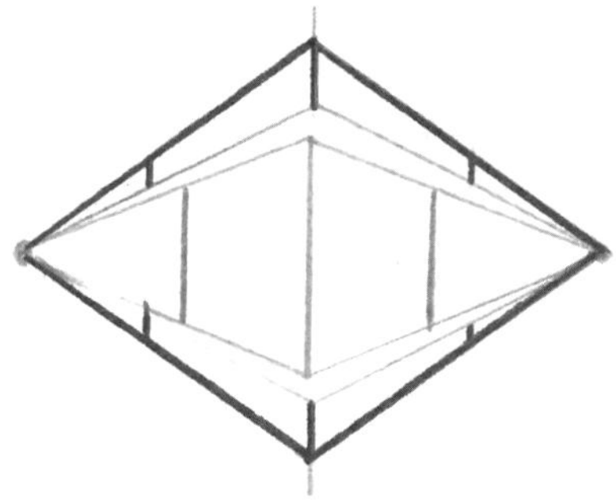

Schritt 5: Verbinde die Ober- und Unterkante der neuen Linien jeweils mit den beiden Fluchtpunkten. Danach zeichnest du im gleichen Abstand rechts und links parallel zur Mittenlinie die Ränder ein.

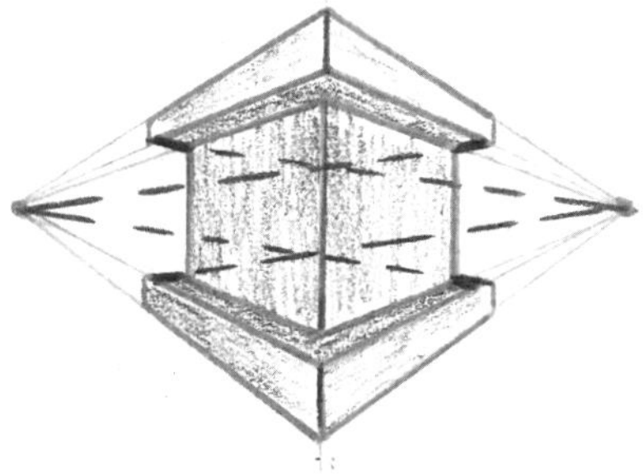

Schritt 6: Achtung! Fang mit der linken Bildhälfte an. Am oberen Körper siehst du an der linken Seite unten eine Ecke. Diese Ecke verbindest du mit dem rechten Fluchtpunkt. Das Gleiche machst du mit der Ecke vom unteren Körper. Spiegle dieses Vorgehen mit dem linken Fluchtpunkt und der rechten Bildseite. Zum Schluss schraffiere aus!

Kopiervorlage 4k | Moderne Gebäude – Schritt für Schritt

Aufgabe: Nutze diese Schritt-für-Schritt-Anleitung zur Zeichnung eines modernen Gebäudes.

a) Du kannst die sechs Schritte bis zum fertigen Gebäude abzeichnen.

b) Wenn du dich mit der Linienführung sicher fühlst, kannst du ein eigenes Gebäude entwerfen.

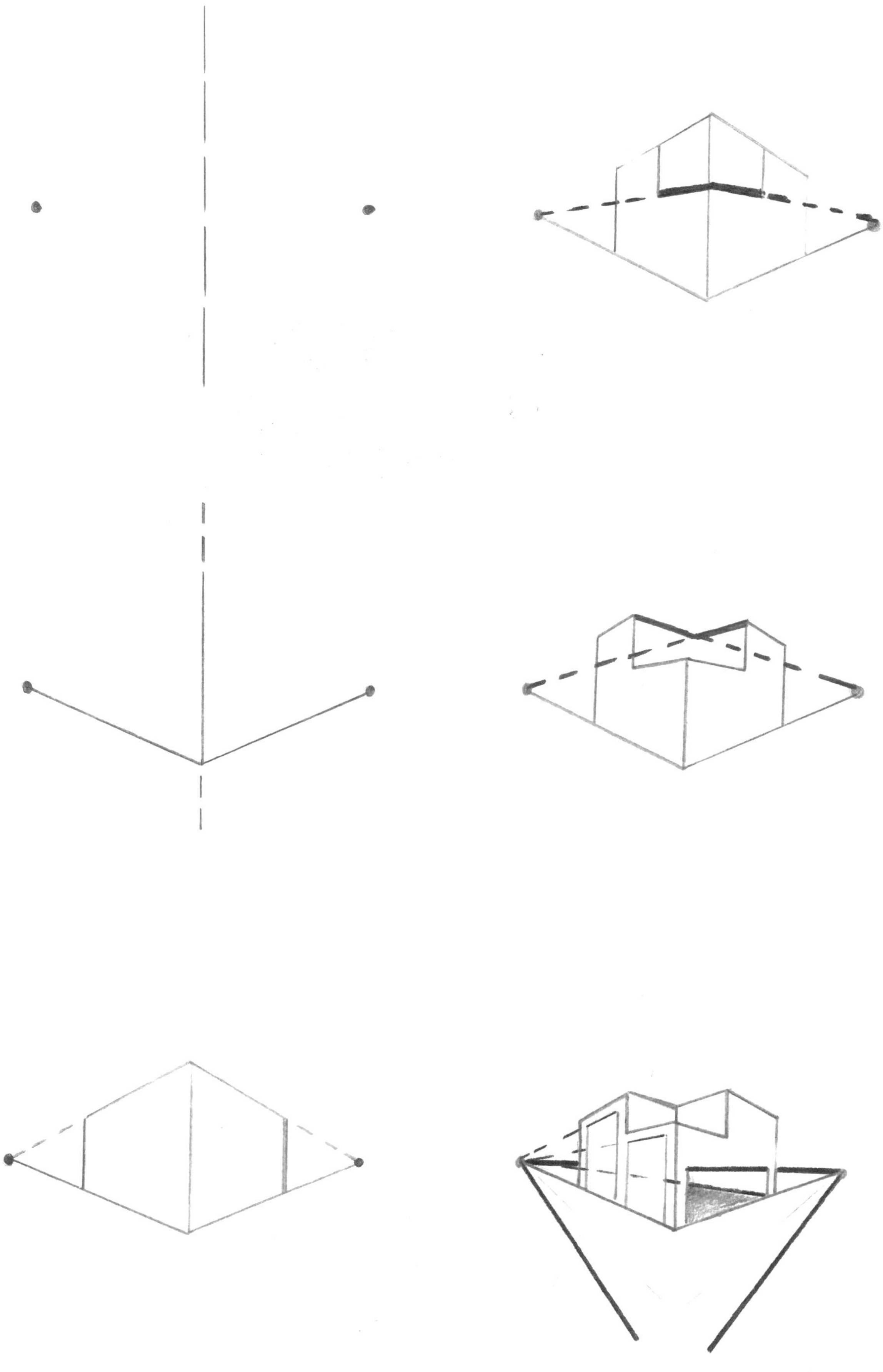

Fachwissenschaftlicher Hintergrund

Warum bleiben wir bei einem Bild im Museum interessiert stehen, während wir das andere als langweilig empfinden? „Schuld“ daran ist die Bildkomposition, also der Aufbau und die Gestaltung eines Bildes. Den meisten Menschen gefallen zum Beispiel starke Kontraste aus sehr hellen und dunklen Licht- und Schatteneffekten oder es sind die Wahl und die Anordnung der Gegenstände auf einem Bild, die unsere Aufmerksamkeit erregen. Es gibt so viele Regeln zur Bildkomposition, dass hier nur eine Auswahl vorgestellt wird, die für die Schüler*innen am besten umsetzbar ist. Zunächst beschränken wir uns auf Stillleben.

Anordnung der Figuren und Objekte:
Je nachdem, wie die Objekte in einem Bild zusammenstellt sind, entsteht eine andere Situation: Fällt gerade etwas aus der Dose? Warum liegt die Kette am Boden? Wurden die Kleider auf den Stuhl gelegt oder geworfen?

Oft macht es Sinn, das Hauptmotiv nicht direkt in der Bildmitte zu platzieren und Gegenstände entweder geballt oder gestreut darzustellen.

Horizontlinie:
Liegt sie in der Bildmitte, wirkt es oft spannungslos. Verschiebt man den Horizont nach oben, wird dem, was sich auf dem Boden abspielt, mehr Bedeutung beigemessen. Es entsteht ein Sog nach unten. Legt man die Horizontlinie weiter unten an, ist die Höhe von Interesse, das Bild erscheint freier und luftiger.

Symmetrie:
Der Mensch hat eine unbewusste Fähigkeit, Symmetrien zu erkennen, und empfindet diese als schön. Man sagt z. B.: Je ähnlicher die Gesichtshälften, desto schöner erscheint das Gesicht. Bei gleichen Gegenständen sollte man entweder die Symmetrie ganz genau beachten oder stark mit ihr brechen.

Reduktion:
Bilder sollten nicht mit unnötigen Informationen überschwemmt werden. Die Frage sollte also immer sein, ob ein Objekt dem Bild einen Aspekt oder eine Geschichte hinzufügt oder es überlädt, ob ein Detail wichtig ist oder Unruhe schafft.

Bildausschnitt:
Am Ende ist oft nicht das ganze Bild interessant, sondern nur ein besonderer Ausschnitt.
Im Nachhinein kann man das Bild immer zuschneiden, d. h., einen Ausschnitt wählen.

Licht:
Zuerst sind hierunter deutliche Farbkontraste zu verstehen. Betrachtet man ein Bild aus der Entfernung, sollten Konturen und Eigenschaften noch gut erkennbar sein. Das Licht kann aus verschiedenen Richtungen kommen: von unten dramatisch, magisch von der Seite, ruhig von oben.

Didaktische Anregungen

Ziel dieser Einheit ist es, die Schüler*innen bei dem Aufbau ihrer eigenen Stillleben methodisch zu unterstützen. Die Regeln der Bildkomposition sollen beim Planen und Skizzieren von Zeichnungen einbezogen werden.

FACHWORTSCHATZ

Begriffe: Stillleben, Komposition, Symmetrie, Reduktion. Ergänzen Sie ggf. weitere Begriffe zur Bildkomposition, die Sie besprechen.

Steigen Sie in die Thematik ein, indem Sie Beispielfotos mitbringen und mit Ihren Schüler*innen nach Regeln der Bildkomposition suchen: Untersuchen Sie gemeinsam die Fotos auf Eigenschaften und Wirkung. Gerade in der Fotografie gibt es viel qualitativ wertvolles Lernmaterial, das Sie nutzen können.

TIPP

→ **Gerade im Bereich der Fotografie werden viele verschiedene Techniken zur Bildkomposition verwendet. Suchen Sie gemeinsam mit Ihren Schüler*innen im Internet nach Beispielen und sehen Sie sich diese genau an.**

Setzen Sie dann die Kopiervorlage „Regeln der Bildkomposition" (**KV 5a**) ein. Für diese experimentelle Arbeitsphase müssen im Klassenzimmer einige Utensilien zur Verfügung stehen: Gefäße, weitere Gegenstände, Bilderrahmen aus Farbkarton und Taschenlampen. Die Schüler*innen probieren die Regeln der Bildkomposition in Gruppenarbeit aus. Fassen Sie die Ergebnisse und Erfahrungen abschließend mit Hilfe der Informationen aus dem „Fachwissenschaftlichen Hintergrund" in der Klasse zusammen.

Mit Hilfe der Kopiervorlage „Bildanalyse" (**KV 5b**) können die Schüler*innen ein Stillleben analysieren und dazu Fragen beantworten.

Anschließend können die Schüler*innen mit der Kopiervorlage „Ein Stillleben komponieren" (**KV 5c)** zu einem lebensnahen Thema ihr eigenes Bild entwerfen. Dabei hat sich dieses Vorgehen bewährt:

- Schritt 1: Die Schüler*innen stellen/legen zwei oder drei persönliche Gegenstände so auf den Arbeitsplatz, bis ihnen die Anordnung gefällt. Beziehen Sie Optionen der Peer-Beratung ein.
- Schritt 2: Sie fotografieren die Anordnungen ab und drucken sie bis zur nächsten Stunde aus. So fällt den Schüler*innen der Übertrag in die Zweidimensionalität leichter.
- Schritt 3: Auf dem Ausdruck können die Schüler*innen die geometrischen Grundformen finden und wichtige Konturen, Oberflächenstrukturen und Umrisslinien einzeichnen.

- Schritt 4: Die Schüler*innen übertragen die Hilfslinien aus dem Vordruck auf ihr Zeichenblatt.
- Schritt 5: Überlegen Sie mit den Schüler*innen, ob sie das ganze Bild oder nur einen spannenden Ausschnitt davon zeichnen wollen. Es macht Spaß, mit einem aus Pappkarton ausgeschnittenen Rahmen über das Bild zu „wandern".

In einem letzten Schritt kann dann ein weiteres Stillleben gezeichnet werden. Das kann ein Bild mit Tuben sein, wie es auf **KV 5b** analysiert wurde, alternativ lässt sich der Klassiker „Obstschale" gut zeichnen.

KOMPETENZCHECK

Die Schülerinnen und Schüler …

✓ … erlangen Grundwissen über das Komponieren von Bildern und bedenken bei Zeichnungen, besonders bei Stillleben, die Regeln der Bildkomposition.

✓ … haben ein so großes Repertoire an bildnerischen Ausdrucksformen, dass sie frei Bilder gestalten können.

Kopiervorlage 5a | Regeln der Bildkomposition

Definition: das Stillleben = die künstlerische Darstellung von Dingen und Gegenständen des alltäglichen Lebens (besonders Blumen, Früchte, Tiere, Gläser, Vasen …) *in künstlerischer Anordnung.*

Bearbeitet die folgenden Aufgaben in Gruppenarbeit. Notiert eure Arbeitsergebnisse auf der Rückseite des Arbeitsblattes oder auf zusätzlichem Papier.

Aufgabe 1: Recherchiert im Internet nach berühmten Stillleben von Künstlerinnen und Künstlern und lasst die Bilder auf euch wirken! Sprecht darüber.

Aufgabe 2: Hier könnt ihr herausfinden, nach welchen Regeln man Bilder gestalten kann. Dazu braucht ihr in eurer Gruppe einige Gegenstände: Flaschen, Gläser, Vasen, Schalen, Früchte etc., eine Taschenlampe und einen Rahmen, den ihr aus Fotokarton ausschneidet (achtet auf die passende Größe).

Anordnung der Figuren und Objekte:
Sucht einige Gegenstände aus und gruppiert sie zu einem Stillleben auf einem Tisch. Je nachdem, wie ihr die Gegenstände zusammenstellt, könnt ihr eine neue Situation entstehen lassen. Ändert die Anordnung mehrmals, bis ihr zufrieden seid.

⇨ *Experiment 1 „Symmetrie“:*
Versucht, alle Gegenstände besonders akkurat und symmetrisch zu ordnen. Danach werft ihr die Anordnung durcheinander. Wie wirken die Anordnungen auf euch?

⇨ *Experiment 2 „Reduktion“:*
Nehmt einen einzelnen Gegenstand aus eurer Anordnung heraus. Anschließend versucht ihr, das Bild mit Gegenständen zu überfüllen. Wie wirken die Anordnungen auf euch?

Die Horizontlinie und der Bildausschnitt:
Nehmt nun euren Rahmen und haltet ihn so vor eure Anordnung, als wolltet ihr sie fotografieren. Verschiebt den Rahmen mehrmals und überlegt:

- Würdet ihr alles zeichnen wollen oder nur einen bestimmten Bildausschnitt?
- Möchtet ihr „Luft“ nach unten oder oben lassen?

Argumentiert in der Gruppe, wie sich die Wirkung je nach Bildausschnitt unterscheidet.

Licht:
Dunkelt das Klassenzimmer komplett ab. Nun beleuchtet ihr mit der Taschenlampe eure Anordnung aus verschiedenen Richtungen: von unten, von der Seite, von vorne und von oben. Welche Stimmung erzeugen die unterschiedlichen Lichtwinkel eurer Meinung nach?

Kopiervorlage 5b | Bildanalyse

Aufgabe: Untersuche das Bild auf Regeln der Bildkomposition. Beantworte die Fragen unten.

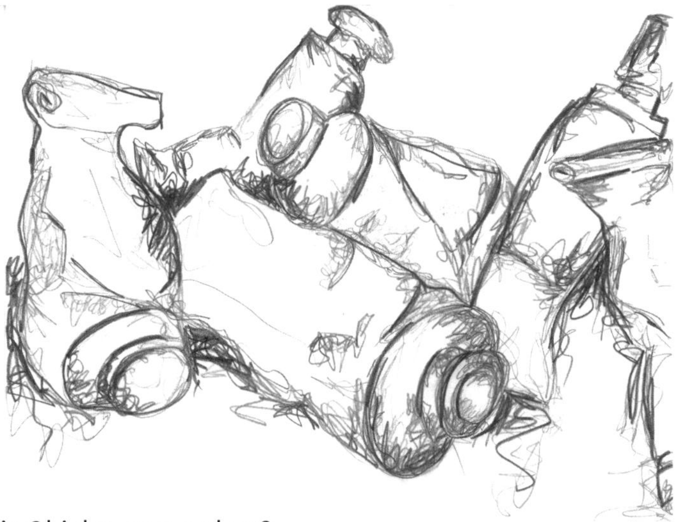

1. Wie wurden die Objekte angeordnet?

   ____

   ____

2. Liegt die Horizontlinie eher oben oder unten im Bild? Welcher Bildteil ist wichtiger: der obere oder untere?

   ____

   ____

3. Kannst du Symmetrien (= Gleichheiten) entdecken?

   ____

   ____

4. Wurde das Bild auf ausschließlich wichtige Gegenstände reduziert? Gibt es ein Objekt, das man weglassen könnte?

   ____

   ____

5. Welchen Bildausschnitt findest du besonders interessant? Markiere ihn farbig!

   ____

6. Zeichne ein, woher das Licht kommt! Wie wirkt das Bild durch die Lichtanordnung auf dich?

   ____

   ____

Kopiervorlage 5c | Ein Stillleben komponieren

Aufgabe 1: Betrachte das Beispielbild, das jemand zu dem Thema „Was mir etwas bedeutet“ gezeichnet hat. Was könnte das Bild über diese Person aussagen?

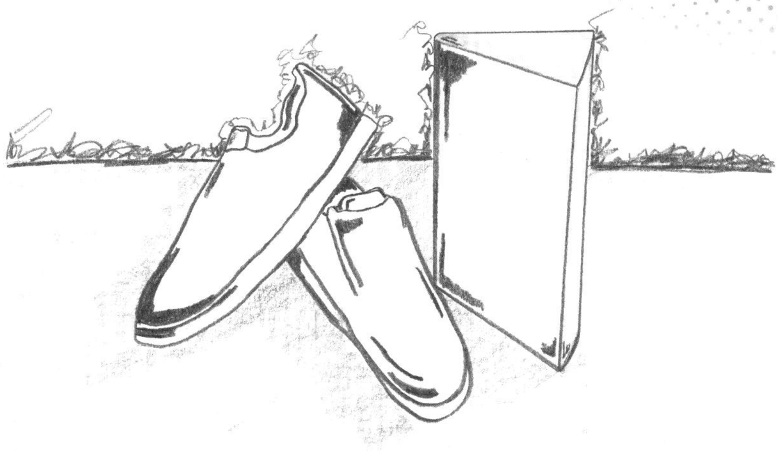

Aufgabe 2: Du sollst nun selbst ein Stillleben zu diesem Thema zeichnen.

- Überlege, welche zwei oder drei Gegenstände dir besonders wichtig sind. Bringe sie mit in den Unterricht.
- Ordne die Gegenstände so an, wie es dir am besten gefällt. Probiere verschiedene Anordnungen aus und entscheide dich für einen Bildausschnitt oder für die gesamte Komposition.
- Zeichne nun das Stillleben mit Hilfe der gelernten Zeichentechniken. Bedenke auch den Lichteinfall!

Aufgabe 3: Bereite eine Präsentation für dein Bild vor. Plane hier, was du sagen möchtest.

Welche Gegenstände hast du ausgewählt? Warum?

Warum hast du die Gegenstände so angeordnet?

Welche Regel(n) zur Bildkomposition hast du angewendet?

Was fiel dir beim Zeichnen leicht? Was schwer?

Beispiellösungen | Kopiervorlage 1a/3g

Alle Lösungen zeigen nur Beispiele. Die Lösungen Ihrer Schüler*innen können ganz anders aussehen!

Zur Kopiervorlage 1a: Linienbilder

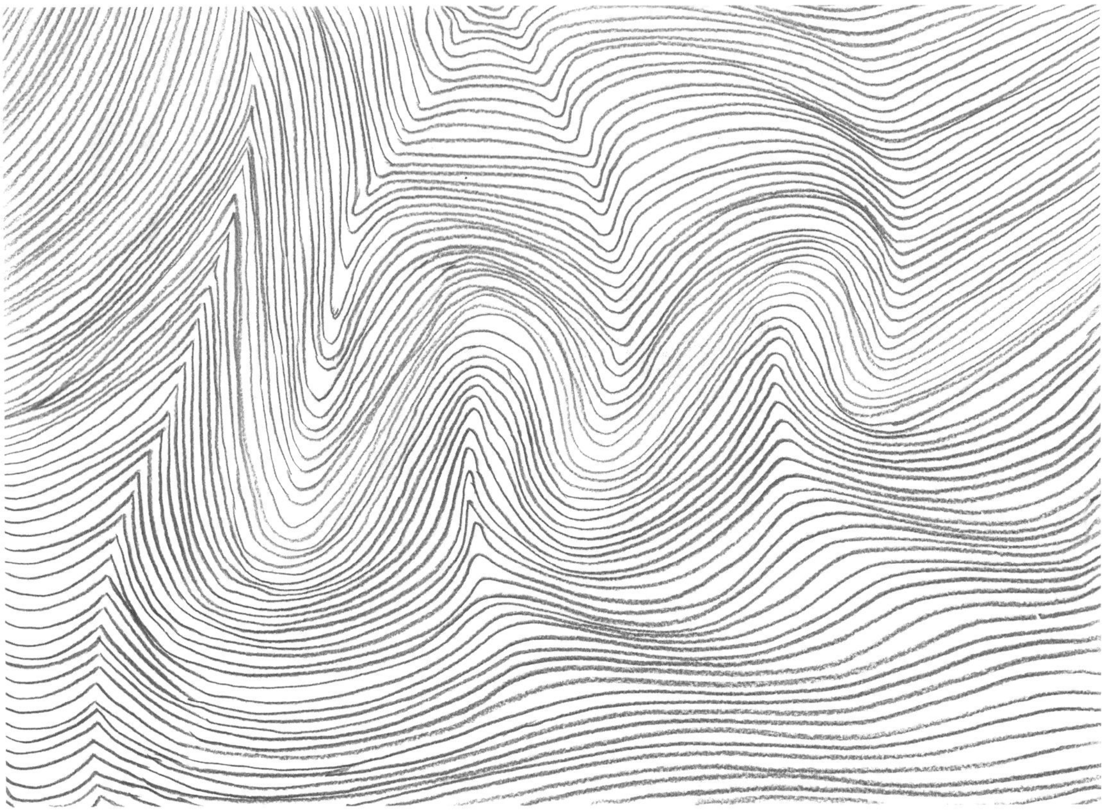

Zur Kopiervorlage 3g: Drachenauge

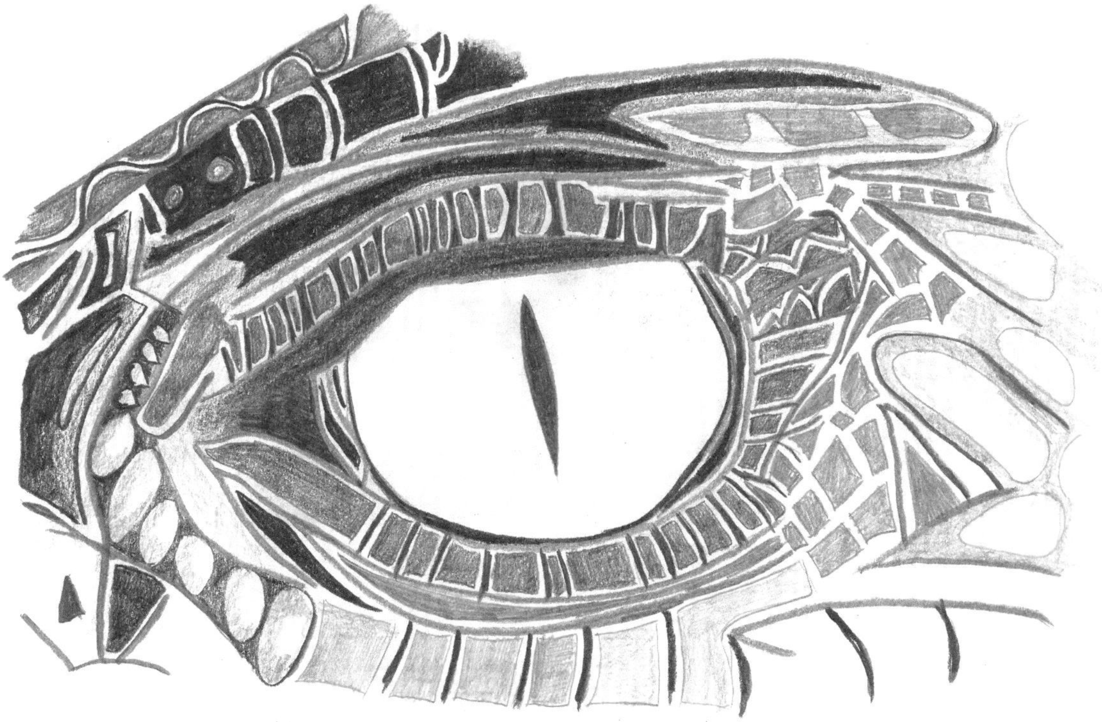